珍藏本·增订本

纪念版

汉译世界学术名著丛书

货币改革论

〔英〕约翰·梅纳德·凯恩斯　著

方福前　译

商务印书馆
SINCE 1897
The Commercial Press

John Maynard Keynes

A TRACT ON MONETARY REFORM

本书参考剑桥大学出版社 1971 年版译出

汉译世界学术名著丛书
（120 年纪念版·珍藏本）
增订本出版说明

2017 年 10 月，为纪念商务印书馆创立 120 周年，本馆推出“汉译世界学术名著丛书”（120 年纪念版·珍藏本），计七百种。近五六年来，仰赖学界同人倾力支持，订正旧译，增补新译，拓展新著，积累日多。为满足读者需要，本馆在七百种的基础上，继续推出“汉译世界学术名著丛书”（120 年纪念版·珍藏本·增订本）三百种。至此，“汉译世界学术名著丛书”累计出版，已达千种。

今后，本馆将继续推进丛书的翻译出版工作，在积累单本名著的基础上陆续分辑刊行，汇印出版。为促进中外文明互鉴、推动我国学术发展，使“汉译世界学术名著丛书”这项对我国学术文化有基本建设意义的重大工程发挥更大作用，诚望海内外学术界、翻译界继续给予支持，帮助我们把这套丛书出得更好。

商务印书馆编辑部

2024 年 2 月

汉译世界学术名著丛书
（120 年纪念版·珍藏本）
出 版 说 明

2017 年 2 月 11 日，商务印书馆迎来 120 岁的生日。120 年前，商务印书馆前贤怀揣文化救国的理想，抱持“昌明教育，开启民智”的使命，立足本土，放眼寰宇，以出版为津梁，沟通中西，为中国、为世界提供最富智慧的思想文化成果。无论世事白云苍狗，潮流左右激荡，甚至战火硝烟弥漫，始终践行学术报国之志，无改初心。

迻译世界各国学术名著，即其一端。早在 20 世纪初年便出版《原富》《天演论》等影响至今的代表性著作，1950 年代后更致力于外国哲学和社会科学经典的译介，及至 1980 年代，辑为“汉译世界学术名著丛书”，汇涓为流，蔚为大观。丛书自 1981 年开始出版，历时三十余年，迄今已推出七百种，是我国现代出版史上规模最大、最为重要的学术翻译工程。

丛书所选之书，立场观点不囿于一派，学科领域不限于一门，皆为文明开启以来，各时代、各国家、各民族的思想与文化精粹，代表着人类已经到达过的精神境界。丛书系统译介世界学术经典，引领时代思想，为本土原创学术的发展提供丰富的文化滋养，为推动中国现代学术和现代化进程做出了突出的贡献。

为纪念商务印书馆成立120周年，我们整体推出“汉译世界学术名著丛书”120年纪念版的珍藏本，寄望既利于文化积累，又便于研读查考，同时向长期支持丛书出版的译者、编者和读者致以敬意。

两甲子后的今天，商务印书馆又站在了一个新的历史时间节点上。我们不仅要铭记先辈的身影和足迹，更须让我们的步伐充满新的时代精神。这是商务人代代相传的事业，更是与国家和民族的命运始终紧密相连的事业。我们责无旁贷，必须做好我们这代人的传承与创造，让我们的努力和成果不仅凝聚成民族文化的记忆，还能成为后来人可以接续的事业。唯此，才能不负前贤，无愧来者。

商务印书馆编辑部

2017年10月

中译本说明

《货币改革论》于1923年12月11日首次在英国出版，之后于1924年、1929年和1932年重印。先后出版有美国版、法文版、德文版、意大利文版、丹麦文版和日文版。在这些版本中，只有法文版有一个不同于英文版的前言[①]。

在英国原版目录的最后一页下半部分，凯恩斯写道："我利用了1922年发表在《曼彻斯特商业卫报》商业副刊'欧洲重建'专栏上的一些文章的材料，这些材料大多经过修改和重写，主要用于第一章和第二、三章的部分内容。"以上提到的文章及其发表日期是："汇率和'购买力平价'理论"，1922年4月20日；"外汇期货市场"，1922年4月20日；"通货膨胀是一种征税方式"，1922年7月27日；"货币价值变化的社会后果"，1922年7月27日。

中译本参考全集版的处理方式，去掉了原版的大写字母印刷体，收入凯恩斯校对这的版本更正[②]，并增加了法文版前言。[③]在脚注里标明了除了数字表格按照正确的数据进行更新以外的所有与

① 皮尔·斯拉法(Piero Sraffa)先生翻译的意大利文版删去了英文版的最后一句话。

② 这些改动在附录三中做了说明。

③ 全集版在第一章添加了凯恩斯原来挑选的放在《曼彻斯特商业卫报》"复兴副刊"上的卡通图片。中译本删去了这些卡通图片和相关文字。

原发文章不同的改动。凯恩斯在原版《货币改革论》中的脚注以方括号的形式体现。

商务印书馆编辑部

译　者　序

方福前

《货币改革论》是现代宏观经济学之父、英国著名经济学家约翰·梅纳德·凯恩斯(1883—1946年)的早期著作之一，初版于1923年12月。凯恩斯为什么要写这本书？这本书主要说了些什么？本书在凯恩斯经济学思想发展进程中处于什么样的地位？作为本书的译者我先就这些问题谈谈看法。

一、本书的写作背景

凯恩斯于1919年6月28日《凡尔赛和平条约》签订前退出巴黎和会并向英国财政部辞职，1919年10月重返剑桥大学国王学院执教，12月他的《和约的经济后果》一书出版。他在这本书中因激烈抨击英法等战胜国向战败国德国索要过多的战争赔款而名震英国内外，成为公众人物。凯恩斯讲课很有思想，特别是把他对当时的经济和社会热点问题分析融入讲课内容，很受学生欢迎。但他不想做书斋经济学教授，不甘心长期坐冷板凳，他是一位活跃的社会活动家，是一位致力于解决现实问题的经济学家。

1921年10月24日凯恩斯访问曼彻斯特，其间，《曼彻斯特卫报》主编斯科特（C. P. Scott）邀请凯恩斯为该报商业副刊“欧洲重建”专栏撰写系列文章，就战后英国和欧洲金融、经济和产业状况发表看法。《货币改革论》就是凯恩斯根据他1922年发表在《曼彻斯特卫报》商业副刊“欧洲重建”专栏上的系列文章，再根据他对1923年英国内外金融和经济形势的分析，经过修改、重写和增补于1923年10月完稿成书的。

凯恩斯为什么要写《货币改革论》呢？这可以从20世纪20年代初英国和世界经济形势中找到答案。

英国是第一次世界大战的战胜国，战后获得了坦噶尼喀和纳米比亚等新的殖民地，大英帝国的版图扩大了388万平方公里，控制了世界75%的石油资源，还从德国获得了大量的战争赔款。

但是，战争使英国付出了巨大而惨痛的代价，对英国经济和社会发展产生了深远影响。一战期间，英国军人阵亡约91万，大量平民伤亡，无数资产毁于战火，民用工业生产规模大幅度萎缩，70%的船只在德国袭击下葬身大海，从此英国丧失了占据250年的海上垄断地位。海运力量的削弱直接影响了对外贸易，按实物量计算英国1913—1918年的出口贸易减少了一半，1918年贸易逆差高达7.8亿英镑，是1913年贸易逆差（1.3亿英镑）的6倍。

一战爆发前，英国是债权国，拥有世界50%的对外投资额；英镑是最稳定最受欢迎的国际货币，英格兰银行实际上是世界银行，伦敦是国际金融中心。但是战争改写了这一切：巨额的军费开支导致政府财政严重亏空，战争结束后，英国欠下美国9亿英镑的债务，由债权国变为债务国；为了弥补巨额贸易逆差，英国变卖了10亿英镑的海外资产，约占其海外资产的四分之一；在战争期间英国的黄金储备减少了4200万英镑。1919年3月英国被迫放弃金本位制。

战争结束后，由于战时被抑制的民用需求被释放出来，英国经济获得了短暂的复苏和繁荣。1919年4月到1920年4月，英国物价上涨了50%。但是好景不长，从1920年第四季度开始英国就陷入经济衰退，随后进入长期慢性萧条。

1920年10月，英国物价开始大跌，11月间，失业率大幅度攀升，到1921年11月，总产值下降了15%。1921年，英国的出口比战前减少二分之一，其中煤炭、黑色金属、机器等出口额比战前减少三分之二，贸易逆差持续扩大。英国的国债由1914年的6.5亿英镑，猛增到1920年的78.3亿英镑。1921—1922年，英国的失业率超过10%。1923年7月7日，英国的失业率攀升到11.4%，失业人数高达130万。

经济危机削弱了英国的经济实力和金融实力，英镑的稳定性发生了动摇。到1921年3月份，英镑已贬值到其黄金平价的79%，英镑对美元的兑换率由1913年每英镑兑换4.86美元下降到3.3美元。英镑作为主要国际货币和伦敦作为国际金融中心的地位面临美元和华尔街的挑战。

第一次世界大战结束以后，战争期间的货币超发得以延续，长期的货币扩张和战后欧洲主要货币竞相贬值导致了物价的异常波动，通货膨胀席卷了英国和欧洲大陆主要国家。以1913年的物价指数为100，到1922年，英国、法国和意大利的物价分别上涨了59%、227%和462%，而德国的物价更是上涨了341倍！在这个高通货膨胀过程中，欧洲一些国家，由于控制通货膨胀做过了头，过快过度紧缩了货币供应量，又转而陷入严重的通货紧缩的泥沼。货币金融危机扰乱了相对价格比例关系和经济秩序，扰乱了经济当事人的预期，提高了未来的不确定性，打击了储蓄、投资和工商业活动，经济陷入萧条，甚至引发了社会恐慌，加上英、德、法之间就是否允许德国延期支付战争赔款和是否减免德国战争赔款问题争执不下，引爆了经济和社会危机。

20 世纪 20 年代初，英国和欧洲面临的主要任务是战后恢复重建，而英国和欧洲重建的首要任务是如何尽快恢复货币、金融和经济的正常秩序。如何恢复这些秩序？是稳定物价还是稳定汇率？如果要稳定币值，是恢复货币的战前平价还是接受当前的货币平价？要不要恢复金本位制？这些是当时经济学家们、银行家们和政府有关部门普遍关注和热烈讨论的问题。

正是在上述背景下，《曼彻斯特卫报》主编约请凯恩斯撰写“欧洲重建”的系列文章，请他就当时人们普遍关注的这些问题发表看法，在此基础上凯恩斯进一步写出了《货币改革论》。

二、本书的主要内容

《货币改革论》除了序言和附录，正文只有五章。

第一章“货币价值变化对社会的影响”主要分析货币价值变化或物价水平变化在短期对财富再分配和生产活动的影响。凯恩斯分别讨论了通货膨胀和通货紧缩对财富再分配和生产活动的不同影响。在讨论通货膨胀和通货紧缩对财富再分配的影响时，他又进一步分析了通货膨胀和通货紧缩分别对投资者阶层、企业家阶层和工薪阶层所产生的不同影响。

第二章“财政与货币价值的变化”讨论一个国家为了消除财政赤字平衡预算是采用货币贬值或通货膨胀的方法好，还是采用征收资本税的方法好。

第三章“货币理论与汇率”首先讨论货币数量论，然后运用这一理论分析两国间货币的相对价值，即汇率的决定因素和变动特点。本章重点分析了即期汇率和远期汇率的影响因素。

第四章“货币政策的不同目标”主要讨论稳定物价或稳定币值和稳定汇率哪一个应当是货币政策的首要目标，为了稳定物价或稳定币值要不要恢复战前的金本位制。

第五章“对未来货币监管的建议”首先分析了一定时期经济体系中货币供应量或融资规模的决定因素，然后讨论如何重建货币制度和货币政策操作框架来稳定物价。

《货币改革论》一书的主要目的是分析当时英国和欧洲其他国家货币金融和经济秩序混乱的原因，找出解决这些问题乃至于重建欧洲的适当和可行的办法。《货币改革论》的核心思想是认为稳定币值才能促进就业、生产和贸易活动繁荣，而稳定币值的关键是稳定货币需求量而不是货币供应量，中央银行通过货币政策操作可以在稳定货币需求量上大有可为。《货币改革论》的主要政策主张是认为货币政策的目标是稳定物价而不是稳定汇率，不要把英镑汇率恢复到战前平价。

凯恩斯认为，英国和欧洲其他国家目前的“失业、工人生活不稳定、失望、储蓄突然丧失、个人的横财、投机、牟取暴利——所有这些在很大程度上都来自价值标准的不稳定”。（本书前言）货币价值不稳定导致物价变化，甚至引起物价暴涨或暴跌，这就使得现行的制度安排无法正常发挥作用，并且会加剧经济活动的风险，使生产成本增加。“不论是通货膨胀还是通货紧缩，每一个过程都会造成巨大的损害。任何一个过程对改变财富在不同阶层之间的分配都会产生影响，在这一点上，通货膨胀的影响更坏。通货膨胀和通货紧缩也会对财富的生产产生影响，前者会过度刺激生产，后者会抑制生产，在这一点上，通货紧缩的危害更大。”（本书第 13 页）凯恩斯认为，资本主义制度是依赖于货币稳定的，货币稳定是投资者阶层的命运所系；“对物价总水平变化的预期会影响生产进程过程这一事实，深深植根于现有的社会经济结构的特性”，如果生产者（他们一般是货币借入者）“预期物价将下降，作为一个集团，他们将会减少生产，……这种被迫的资源闲置会造成社会整体上的贫困”。（本书第 38—39 页）而现有的主流货币金融理论是建立在金本位制基础上的，是保守的、怀旧的，不能正确地解释和应对这种通货膨胀和通货紧缩以及由此造成的金融和经济秩序混乱，迫切需要创新。

在金本位制时代，黄金是唯一的价值标准，但是这个时代已经成为历史遗迹。“在 1914 年的英国，黄金不作为价值标准已经有了一个世纪之久，在任何其他国家，黄金不作为唯一的价值标准也有了半个世纪。”今天的“货币只不过是国家随时宣布的清偿货币合同的适当的法定工具而已”。“指望货币用一种固定数量的特殊金属来代表，并没有历史的保证，要指望它代表稳定不变的购买力，则更不靠谱了。”（本书第 17 页）

在纸币流通的时代，什么决定了纸币的价值呢？凯恩斯认为主要有两大要素：一是现在的和预期的流通中的货币数量，二是公众

想要以某种形式持有的购买力数量。其中第一个因素主要取决于一个国家财政部的借款和预算政策。（参见本书法文版前言）

进一步的问题是，如何稳定币值或物价呢？凯恩斯主张实行通货管理（Managed currency）制度。根据古典经济学的货币数量论，一个国家一定时期的国内物价水平由其银行提供的信用数量决定，而“纸币的发行量应当根据贸易和就业状况、央行利率政策和国库券政策来决定”。（本书第 163 页）凯恩斯极力反对恢复金本位制这种当时主流的观点，建议把黄金储备和纸币发行完全分开，国家的黄金储备集中在英格兰银行手里，用于避免短期的汇率波动；纸币可以由财政部来发行，也可以不由财政部发行；这样，“这个制度的调节器应当是央行利率（贴现率）政策和国库券政策”。（本书第 162 页）为了实现稳定币值和稳定物价的目标，凯恩斯进一步建议英格兰银行运用三种政策手段——贴现率、黄金的现货价格和黄金的期货价格，对货币进行管理。

三、本书在凯恩斯经济学思想发展进程中的地位

凯恩斯以其《就业、利息和货币通论》（以下简称《通论》）创建的宏观经济学体系而名垂经济思想史。但是他的宏观经济学思想孕育产生于 20 世纪 20 年代中期，而不是像学界有些人所说的产生于 20 世纪 30 年代大危机[①]。

---

① 参见方福前：“论凯恩斯思想转向《通论》的原因”，载《中国人民大学学报》，1997 年第 5 期。

凯恩斯早年是一位货币经济学家，他辞别英国财政部回到剑桥大学执教，多年讲授货币理论，他的第一本著作《印度的通货与金融》(1913年)就是一本研究印度(以及英国)货币史和货币制度的著作，使他成为世界名人的《和约的经济后果》实际上也是一本货币经济学著作。可以说，凯恩斯研究宏观经济学是从研究货币问题起家的。

《货币改革论》是一本出色的货币经济学著作。在本书中，凯恩斯不但对金本位制、金汇兑本位制和纸币制度的特点和作用做了清晰的比较分析，而且对货币制度演化的原因也做了深入的分析。他对通货膨胀对财富再分配的影响分析和通货紧缩对投资、生产的影响分析，今天来看仍然是很深刻的。他对纸币制度取代金本位制的必然性的论证，对美元和英镑将要主导国际货币体系的预判，不能不说是一种先见之明。本书对货币(纸币)数量的决定因素分析，以及货币数量、货币流通速度和物价水平之间关系的分析，在当时堪称是超一流的，其中的许多观点今天也不过时。凯恩斯在本书第三章对远期外汇市场上汇率水平影响因素的分析尤为精彩，这一章的内容和后来《通论》第十二章“长期预期状态”的内容有异曲同工之妙。这两章的内容不是大货币经济学家并且长期从事金融投资实践的人是写不出来的。这些内容今天读起来仍然鲜活有味，依然适用。第五章第一节对英国货币监管政策的建议今天仍然有现实意义，仍然可以为中央银行制定和实施货币政策时参考。难怪货币主义领袖米尔顿·弗里德曼(Milton Friedman)认为《货币改革论》是凯恩斯经济学著作中最好的一本[①]。

① 参见〔英〕罗伯特·斯基德尔斯基:《凯恩斯传》，相蓝欣、储英译，北京，生活·读书·新知三联书店，2006年，第381页。

《货币改革论》虽然主要讨论的是为何和如何稳定币值或稳定物价，这些当然也是宏观经济学的重要话题。但是值得注意的是，凯恩斯在《货币改革论》中已经谈到了他 13 年后在《通论》中所研究的主题——就业和经济稳定。凯恩斯在本书第四章谈到货币政策目标时说："从英格兰银行总裁起，所有我们这些人，现在主要关注的是保持经济、物价和就业稳定，当我们必须要做出选择时，我们绝不会牺牲这些稳定而去迎合那个过时了的信条（指金本位制及其相应的经济学理论——译者）……"（本书第 146 页）"我把物价、信用和就业稳定看作是至关重要的，我不相信旧的金本位制能给我们带来稳定，虽然它过去给我们带来过一点点稳定。"（本书第 149 页）在他看来，选择什么样的货币制度，选择什么样的币值，这不是关键，关键是要保持经济、物价和就业稳定，货币制度和货币政策是要服务于、服从于经济、物价和就业稳定而不是反过来。

显然，仅仅依靠货币制度改革和货币政策调整是不可能实现物价、就业和经济稳定的，财政（制度）政策和货币（制度）政策是划好经济这艘大船的双桨，只动用货币政策是独木难支的。但是，凯恩斯在写作《货币改革论》时还是一个货币经济学家，还是一个货币数量论的支持者，不可能认识到这一点。

好在凯恩斯是一位现实感很强的经济学家，他一直非常关注经济和社会现实，积极思考当时的各种政策问题，他不迷信权威，不囿于旧说。《货币改革论》出版后，英国经济形势的发展变化推动了凯恩斯思想的转变。

1924 年英国经济有一个短暂的复苏，但是很快又陷入衰退和萧条，这一年英国的失业人数一度接近 100 万，失业率超过 10%。

减少失业取代稳定物价成为英国经济政策的头等大事。这一年凯恩斯发表《失业需要猛药吗》《英国政府与失业》和《对付失业的一剂猛药》三篇文章，支持卸任一年多的英国前首相劳埃德·乔治（Lloyd George）提出的为了减少失业而主张英国政府出台大规模公共工程支出计划。这三篇文章是凯恩斯思想由古典经济学立场转向《通论》立场的发端，点燃了凯恩斯革命的火炬，吹响了凯恩斯思想向《通论》进军的号角。因为，这三篇文章以就业或失业为主题，而不是以物价为主题；这三篇文章第一次主张政府实施财政扩张计划（而不仅仅稳定币值）来解救大规模失业。此后，凯恩斯的研究主要转向失业的原因和失业的救治分析，经过近 10 年的探索，凯恩斯终于形成了《通论》的思想体系[①]，凯恩斯革命宣告成功。

我们应当注意的是，《货币改革论》虽然以稳定币值（稳定物价）为主题，但是凯恩斯认为，政府的政策目标不仅仅是稳定物价，“政府的目标应当是贸易、物价和就业的稳定”。（本书第 162 页）只是他当时主张主要通过英格兰银行和货币政策来稳定贸易、物价和就业。20 世纪 20 年代英国的长期慢性萧条和 30 年代世界性经济大萧条推动凯恩斯修改和发展了《货币改革论》中的思想，在《通论》中凯恩斯提出以有效需求变化来解释就业和物价变化，主张以财政政策为主来解决贸易和就业问题。

《货币改革论》把稳定贸易、物价和就业确定为政府的政策目标，并且主张政府确定英镑本位，通过通货管理来稳定币值，并且，

① 参见方福前：《从〈货币论〉到〈通论〉：凯恩斯经济思想发展过程研究》，武汉，武汉大学出版社，1997 年。

在《货币改革论》中凯恩斯不仅讨论了通货管理对稳定物价的作用，而且分析了通货管理对生产、就业和财富再分配的影响，分析了储蓄转化为投资的机制。也许是这些原因，美国著名经济学家约瑟夫·熊彼特（Joseph Alois Schumpeter）把《货币改革论》看作是凯恩斯思想迈向《通论》的第一站[①]，他认为这本书“显然已经指出了通往《就业、利息和货币通论》的道路”。[②]美国经济思想史专家英格里德·H. 里马（Ingrid H. Rima）把《货币改革论》看作是《通论》的基石，“是通往《通论》之路的重要路标”。[③]

2019 年 1 月 24 日
写于北京时雨园寓所

① 参见〔美〕约瑟夫·熊彼特：《十位伟大的经济学家：从马克思到凯恩斯》，贾拥民译，北京，中国人民大学出版社，2017 年，第 252、248 页。

② 参见同上书，第 254 页。

③ 〔美〕英格里德·H. 里马：《经济分析史》，陈勇勤，刘星译，北京，中国人民大学出版社，2016 年，第 347 页。

目　　录

前　　言 xiv

我们把储蓄提供给私人投资者，并且鼓励他把储蓄放在赚钱的项目上。我们把组织生产的职责赋予企业家，企业家的行为主要受预期给他带来的以货币表示的利润所左右。那些不喜欢现存社会组织结构发生巨大变革的人们认为，这样安排有很多优势，合乎人性。但是，如果作为一种稳定的衡量尺度的货币变得不可靠的话，这些安排就不能正常发挥作用。失业、工人生活不稳定、失望、储蓄突然丧失、个人的横财、投机、牟取暴利——所有这些在很大程 1
度上都来自价值标准的不稳定。

通常认为生产成本由劳动、企业家精神和积累这三部分的报酬构成。但是还存在第四种成本，这就是风险；承担风险的报酬是一种最重要的生产成本，同时也是最有可能加以规避的生产成本。风险的这种特性会因价值标准的不稳定而加剧。推动本国和世界普遍采取健全的货币原则的通货改革会减少风险损失，这些风险损失目前正吞噬着我们太多的财产。

没有比在通货问题上保守的观念更盛行的了；因而在这个问题上迫切需要的是创新。人们经常被告诫说，对通货问题不可能有一种科学的处理方法，因为银行业认识不到其自身的问题。如果真是如此，那么它们所代表的社会秩序就将衰败。但是我不认为是这

样。我们所缺少的是对现实的清晰分析，而不是理解已经做出分析
xv 的能力。如果在许多领域正在出现的这些新思想是正确的，我相信迟早它们会流行起来。谨以此书献给英格兰银行行长和董事会，他们现在和将来将被赋予比从前更为艰难和更为迫切的任务。

约翰·梅纳德·凯恩斯

1923 年 10 月

法文版前言 xvi

货币世界的事情变化很快；但是这并不意味着原理也变化得这样快。因此，当把本书呈献给法国公众的时候，如果我把本书中的原理用于简短分析法国过去六个月金融形势的变化，我想读者是可以理解的。

长期以来我一直主张，除非法国财政部的政策超越政治上的可行性发生更大的变革，否则法郎的价值将难免大幅度下降。现在这种下降已经发生。法郎价值下降的后果是在公众中造成日益增强的不信任感和恐慌，以及悲观的气氛。然而，现在建立金融均衡比法郎价值下降之前要容易些了。

我首先要澄清一些观点，这些观点在过去是有影响的，但是与常识背道而驰。

1. 官方从未承认法郎的价值可以被固定在其他任何价值（无论是黄金还是商品）上，除了战前的黄金平价。这是荒唐可笑的。恢复战前的黄金平价，除了带来其他无法容忍的后果以外，将会使法国目前的国债负担增加 4 倍。很容易计算出债券持有者持有的债券价值几乎相当于法国的全部财富。没有哪一位财政大臣能够平衡这种预算。因此，除非法郎**永远不会**根据黄金或者商品的价值来稳定，否则这种最终回到战前黄金平价的设想一定会被抛弃。

2. 每当法郎贬值，财政大臣总是力图在经济因素之外去寻找原
xvii 因，把贬值归因于邻国交易所的外国势力，或“投机”所带来的神秘而恶劣的影响。这不过是愚蠢的障眼法，如同非洲的巫婆将家畜的病因归罪于旁观者的邪恶眼神，或归咎于恶劣天气导致供给神灵的供品不足。

首先，投机量（姑且这么说）在正常的业务量中总是占很小的比例。其次，成功的投机者是靠预期赚取利润，而不是靠改变现存的经济趋势。最后，大多数的投机，特别是“空头”投机，持续的时间很短，以至于交易结束时很快会冲销最初的影响。而且，可能是相互抵消了，从停战以来，更多的投机行为是支持法郎而不是反对法郎的。至少我能证实许多英国人，甚至更多的美国人，由于寄希望于从法郎升值中获利而购买了法郎或者进行法郎投资，结果亏损了很多。

我提醒法国读者关注本书第二章和第三章的讨论，因为迷信投机只存在于对汇率水平固定的真实影响无知的环境里。后面我将简单地估计投机的影响，不过，我并没有把对一种通货未来前景的普遍不信任的影响包括在内。

3. 人们通常认为法郎不会贬值，因为法国是一个富有的、节俭的和勤勉的国家，或者说它的贸易平衡乍看起来是令人满意的。这种认识也是由于混淆了最终左右货币价值的原因而产生的。一个非常富有的国家可能拥有很糟糕的通货，而一个很贫穷的国家可能拥有很好的通货。法国的富有和贸易平衡可能会使其货币当局更容易实施健全的货币政策。但是他们不是一回事。一国的货币单位的价值并不是其财富或贸易平衡的函数。

那么，什么决定着并在将来也决定着法郎的价值呢？首先，是现在的和预期的流通中的法郎的数量。其次，是公众想要以某种形式持有的购买力数量。（我在第三章第一节陈述的货币数量理论对于很多法国读者来说是新奇的。）这两个因素中的第一个因素被称为通货的数量，它主要取决于法国财政部的借款和预算政策。第二个因素（在目前的情况下）主要取决于公众对法郎价值的前景是否有信心。 xviii

由于大约120法郎等于1英镑，对于外部观察者来说，第一个因素的任务似乎并不是过分困难。当国内的价格水平随汇率自我调节时，按照法郎纸币衡量的许多现有税收的收入自然就会增加。另一方面，支出的最大项目——国债业务，将和以前持平。因此，除了加税，仅仅是汇率变动本身就有使预算恢复到均衡的趋势；假如公众对本国通货的前景有信心的话。

因此，关键在于第二个因素，也就是法国公众对于他们本币的态度。值得强调的是，问题的关键掌握在法国人民自己手中，而不是外国人手里。因为外国人持有的法郎的数量可能不是很大，至多是留在手头的跑输了“牛市”的剩余款项；持有法郎的外国人因看跌而抛售法郎的障碍是难以逾越的，但他们并不大量地持有法郎。另一方面，法国人自己持有的法郎票据、法郎证券和其他短期投资的数量是庞大的，远远超过商务交易所必需的最小流通量。如果法国人认为（正如俄国人、奥地利人和德国人先后认为的）本国的 xix
法定货币和债权是一项贬值的资产，那么离法郎贬值就不远了。因此，他们将逐渐减少对这些资产的持有量；他们在自己的钱袋里和保险柜里将保留较少的法郎；他们将把国库券变现，并出售他们出

租的资产。没有任何法律法规能有效地阻止他们这样做。而且，这是一个累积的过程，因为每一个后续的法郎资产变卖并转换成“真金白银”的过程，都将引发法郎进一步贬值，这似乎证实了那些首先抛售法郎的人具有先见之明，因此又会引发新一轮的信用危机风潮。

在这种情况下，即便是改革预算或有贸易顺差也无法遏制法郎的贬值。因为，政府有必要吸收公众已经不愿意持有的大量的现钞、法郎债券和银行票据。这是一项不可避免的超出了政府权力的任务。许多国家的经验表明，非平衡的预算是引起币值崩溃的初始原因，但是只有当公众的信心丧失到开始减少法定货币的持有量时，真正的暴跌才会来临。

因此，目前法国政府的核心任务就是尽可能在最广泛的范围内维持法国民众对法郎的信心。因为导致他们货币崩溃的正是这种国内公众的信心的丧失，而不是外国人的投机（虽然外国人和法国人也许利用某种濒临崩溃的货币来牟取暴利）。

现在，如果路走对了，他们重建并保持信心并不是不可能的。俄国、奥地利和德国的例子反复证明了这一点。那些根据过去的经验预测法郎未来的人可能犯了一个大错误。因为在过去，在这些
xx 国家实现平衡预算压根儿是不可能的。因此，导致货币崩溃的最初推动力也是一个持续的推动力。但是法国却不是这样。如果重建支出被合理地推迟，就可能实现财政平衡。我赞赏蒙·庞加莱（M.Poincaré）和法国财政部在这方面所做的努力。但是仅此是不够的。恢复公众的信心也是必要的；而在这方面，M. 德·拉斯特瑞（M.de Lasteyrie）所走的每一步都是不明智的。

通货的信誉以什么为基础呢？这和银行很相似。银行只能吸引并保存客户的存款，只要客户充分相信他们可以自由取出存款并兑换成其他形式的财产，如果他们想这么做的话。只要这种自由是确定无疑的，情况就不会令人担忧；存款将放在银行并不断增加。但是一旦这种自由引起人们怀疑，存款将会萎缩直至消失。通货也是如此。人们之所以将其资源的一部分保留在货币形式上，是因为他们相信比起其他的储存形式，货币可以更自由更方便地交换任何他们需要的有价值的物品。如果这种信念被证明是错误的，他们就不会持有货币，也没有办法让他们持有货币。

现在，M. 德 · 拉斯特瑞实施的大多数管制措施的主要目的是限制法郎持有者依据自己的判断把法郎兑换成其他形式的等价物的自由。因此，迄今为止，从保护法郎、恢复法郎的信誉来看，这些措施直接所起的作用是破坏人们的信心，摧毁法郎的信誉。许多管制措施可能会摧毁世界上任何一种通货的价值，因为这些措施可能会摧毁货币的效用。一旦人们对法郎（或财政部债券）是否是一种真正流动的财产产生怀疑，这些货币工具就不再具有持有的用处了，持有者急于在怀疑被证实之前抛售它们，而这又会产生进一步的障碍。

想要阻止投机交易的那些人反而给我们提供了一个管制可能会产生相反效果的具有教育意义的例子。“看跌”某种通货的投机 xxi
商绝不会感到不安，因为他们总是可以在适当的时候买入需要的通货来平仓。另一方面，那些“看涨”这种通货的投机商需要在日后卖出货币，他们则处于焦虑中，急于尽快卖出所持有的通货。正是这个原因，使得干预自由交易的威胁不可避免导致那个被管制的通

货的贬值。正像一个人一旦相信他稍后不能自由地取出存款，不论他是否需要钱，他都会从银行取出存款；所以公众和金融界会以相同的方式放弃通货，收回他们的资源，如果他们害怕自由提取将被限制的话。

那么，面临当前的危险，法国财政部应该采取什么措施呢？我马上就会谈到。首先，政府必须加强其财政地位使之控制通货数量的权力毋庸置疑，这样做的必要性至少是可以接受的。其次——尤其是在第一类措施完全付诸行动之前的那段时间内——政府必须恢复对法郎自由的完全信心，以至于没有人会认为出于谨慎而甩卖法郎是值得的，如果不是急需的话——这样做同样是必要的，但似乎被忽略了。

想要实现上述第二个目标只需要取消最近实施的限制交易的政策，包括无益的黄金窖藏，低的银行利率，以及法兰西银行和财政部对实际情况的保密。必需的主要措施可以概括为以下三点：

xxii 1. 对用法郎购买外币、外国证券或商品的所有限制，无论是即期交割还是延期交割，应当全部废除。

2. 法兰西银行的再贴现率应当提高，在目前的环境下至少不应低于10%(虽然不见得在每一阶段都需要保持这么高的利率)，目的是冲销法郎可能贬值的预期，这种预期可能有根据也可能无根据。鉴于目前法国政府证券可以获得高利率(更不用说远期汇率了)，现在的贴现率与实际情况不相称，这可能会刺激过度借款。不过，可能在本文出版的时候法兰西银行的利率已经提高了。

3. 从法兰西银行充足的黄金储备中拿出一大笔作为外国存款的基础，或者是全部卖出，或者是以这个基础借入，以便在财政改革完全奏效之前，支持交易维持现有水平并恢复信心，而不需要节约开支。

我保证这些简单易行的措施，与温和的政治、大规模的节省和税收相结合（没有这些任何措施都不能最终奏效），将会产生很好的效果。这剂药方使用几周以后，以及蒙·庞加莱（或其继任者）友善地接受即将发布的专家报告，法郎将稳如磐石。但是，另一方面，如果宗教审查法（Holy Inquisition）引起对法郎的信心丧失，如果法国人宁愿要通货膨胀产生的隐性征税而不愿要其他形式的征税，如果法国继续维持欧洲的烦恼和平（trouble-peace），那么法郎就会重蹈那些曾经显赫一时的货币（tokens）的覆辙。

约翰·梅纳德·凯恩斯

1924年3月

1 第一章　货币价值变化对社会的影响[①]

使用货币就可以有所获得，货币的重要性就在这里。因此，货币单位的变化不会带来任何影响，因为这种变化对交易各方的影响是一样的，对一切交易的影响是均等的。如果价值的既定标准发生了变化，一个人的一切权益和努力所获得的货币收入是他以前的两倍，而他为自己的必需品和享受品所支出的货币量也是以前的两倍，那么从整体上说他没有受到任何影响。

由此可见，货币价值的变化，也就是物价水平的变化，只有当其影响所及是不均等时，对社会才是重要的。这种变化过去曾经产生并且现在正在产生最广泛的社会影响，因为，众所周知，当货币价值变化时，这种变化对所有的人或所有的目的的影响是不均等的。一个人的收入和支出并不是按相同的比例发生变化的。因此，以货币衡量的物价和报酬的变化通常对不同的阶层产生不同的影响，把财富从一个阶层转移到另一个阶层，使得一些人富有，另一些人困窘，主宰命运之神有了偏向，就使得计划受到破坏，期望成了泡影。

自 1914 年以来，货币价值的波动如此剧烈，影响范围如此之

---

① 本章来自《曼彻斯特卫报》商业副刊“欧洲重建”专栏1922年7月22日的同名文章，除非另有说明。

广，以至于成为现代世界经济史上最重大的事件之一。不论是以黄
金、白银还是纸币计量的价值标准，其波动的程度不仅空前猛烈，2
而且[1]它所冲击的社会，与过去任何旧时代的社会在性质上不同，按照通常的假定，在现代社会的经济组织[2]之下，价值标准应当是相当稳定的。

在拿破仑战争以及紧随其后的那个时期，英国的物价波动是极其猛烈的，一年内的价格涨跌就达到 22%；19 世纪的前 25 年，物价水平攀升至最高峰，我们一直把这个时期看作是货币史上最混乱的时期，但是就长达 13 年这个期间来看，物价的最高水平与其最低水平[3]相差也不到一倍。把这种情形与最近 9 年出现的物价异常波动进行对照，就可以看出其中的差别。读者要想了解事实真相，请看表 1.1。

我还没有把俄国、波兰和奥地利这些国家包括在内，这些国家过去的货币早就[4]崩溃了。但是不难看出，即便[5]不把遭遇革命或战败的国家算在内，世界上只有不到四分之一的国家逃脱了物价发生剧烈波动的命运。在金本位制未被削弱的美国，在战争带来的收益多于负债的日本，在保持中立的瑞典，货币价值的变化可以与英

① 在原文(1922 年 7 月 22 日的文章，下同)中，这句话的开头是："价值标准的波动不但是空前剧烈的，而且在一切国家，不论是实行金本位、银本位还是纸币本位，都是如此。"

② 在原文中，"时代"与"组织"之间的表述是"与过去任何旧时代的社会相比较在性质上特别地不同"。

③ 在原文中，这句话的余下部分是"从这算起有 13 年的时间"。

④ 在原文中，此处是"是"而不是"早就"。

⑤ 在原文中，此处是"完全"而不是"即便"。

国相媲美。

表 1.1 批发物价指数(1913 年为 100%)[a]

	英国[b]	法国	意大利	德国	美国[c]	加拿大	日本	瑞典	印度
1913	100	100	100	100	100	100	100	100	—
1914	100	102	96	106	98	100	95	116	100
1915	127	140	133	142	101	109	97	145	112
1916	160	189	201	153	127	134	117	185	128
1917	206	262	299	179	177	175	149	244	147
1918	227	340	409	217	194	205	196	339	180
1919	242	357	364	415	206	216	239	330	198
1920	295	510	624	1486	226	250	260	347	204
1921	182	345	577	1911	147	182	200	211	181
1922	159	327	562	34182	149	165	196	162	180
1923[d]	159	411	582	765000	157	167	192	166	179

a 本表数据来自国际联盟《统计月报》。

b 1913—1919 年的数据来自《统计学人》;后面的数据是《经济学人》、《统计学人》和贸易理事会指数的中位数。

c 劳工局指数(经过修正)。

d 上半年。

从①1914 年到 1920 年,所有这些国家都经历了货币供给超过了可购买货物的供给的扩张,也就是发生了我们所说的通货膨胀。自 1920 年以来,重新控制了金融局势的那些国家不满足于仅仅结束通货膨胀,他们过度缩减了货币供给量,于是尝到了通货紧缩的
3 苦果。另一些国家则走上了比以前更为剧烈的通货膨胀道路。少数国家,意大利是其中之一,紧缩通货的轻率愿望被难以控制的金

① 本节余下的段落是《货币改革论》特有的。

融局势所打破，结果幸运地获得相当稳定的物价水平。

不论是通货膨胀还是通货紧缩，每一个过程都会造成巨大的损害。任何一个过程对改变财富在不同阶层之间的分配都会产生影响，在这一点上，通货膨胀的影响更坏。通货膨胀和通货紧缩也会对财富的生产产生影响，前者会过度刺激生产，后者会抑制生产，在这一点上，通货紧缩的危害更大。因此，我们在分析中最便利的方法是把问题进行分类，首先把注意力放在通货膨胀上，考察货币价值变化对财富分配的影响；然后我们把注意力转向通货紧缩，考察货币价值变化对财富生产的影响。最近这 9 年价格变化是如何
影响整个社会生产率的？这种变化是如何影响社会中各阶层的相 4
互关系和利益矛盾的？对这些问题的回答将帮助我们为这些病魔找到拯救之道，这也正是写作本书的目的。

第一节　货币价值变化对分配的影响

为了便于研究[①]这个问题，我把社会划分为三个阶层：投资者阶层、企业家阶层和工薪者阶层。这些阶层是相互交叉的，同一个人可以通过劳作获得薪酬，也可以从事经营，还可以进行投资；但是在目前的社会组织下，这种划分与社会分层以及实际的利益分歧是相符合的[②]。

---

① 原文是“研究货币价值变化的社会影响范围”。

② 在原文中，这段话是以下面的句子结尾的：“最近8年物价变化对这些阶层的相互关系和利益产生了怎样的影响？如何我们能够精准地回答这个问题，我们就能够解释今天引起欧洲震荡的那些隐秘的力量。”

一、投资者阶层

在货币的各种职能中，有些主要是以其实际价值在一定时期内几乎保持不变这一假设为依据的。其中主要的是那些与广义的**货币投资**合同有关的职能。这类合同——也就是规定在长期如何支付一定数量的货币报酬的那种合同——正是为了便利起见我们把它叫做**投资制度**的那种制度的特色，这种制度有别于通常的财产制度。

资本主义的这个阶段是在19世纪发展起来的[1]，在这个阶段，为了把财产管理权从所有权中分离出来，许多制度安排被设计出来。这些制度安排主要有三类：(1)财产所有者与财产的管理相分离，但仍然保有对其财产——也就是实际的土地、建筑物、机器和
5 其他形式的财产的所有权，这种保有方式[2]的典型形式是持有股份公司的普通股；(2)财产所有者与其财产权暂时分离，期间他每年收取一定数额的**货币**回报，但是他的财产权最终还是由他收回，这类安排的典型形式例如[3]租赁；(3)财产所有者与他的实际财产永久分离，他因此而获得报酬，这些报酬的形式或者是无期限的固定货币数额的年金，或者是有期限的年金，于期满时偿还按货币计算的本金，这类安排的典型形式例如[4]抵押、公债、公司债和优先股。第三种类型体现了投资的充分发展状况。

规定在未来某个时候收取一定数额的货币的合同（至于在这段

---

① 在原文中，接下来的句子是“因此我把它称作**投资制度**”。

② 原文中没有“这种保有方式”几个字。

③ 原文中使用的是“是”而不是“例如”。

④ 原文中使用的是“它们是”而不是“例如”。

时间货币的实际价值的可能变化，合同没有做出规定)，由来已久，在有货币借出和借入时就已经存在了。租赁、抵押以及对政府和[1]少数私人企业永久性贷款（例如东印度公司）的形式，早在18世纪就已经流行起来[2]了。但是在19世纪，这些形式有了新的发展，其重要性不断提高，到了20世纪初期，财产所有者阶层又进一步划分为两类："企业家"和"投资者"，他们之间的部分利益存在着分歧。这种划分在个人之间不是严格的：因为企业家同时也可能是投资者，投资者也可以持有普通股；然而这两类人的区别是确实存在的[3]，而且这种区分有着重要意义，因为很少有人注意到这一点[4]。

在这种制度下，活跃的企业家阶层不但可以动用自己的财富而且还可以借助整个社会的储蓄来支持他们的企业；而另一方面，专
业的财产所有者阶层找到了利用资源的方式，这种方式使他们麻烦 6
少，又无须承担责任，并且（据说）风险又小。

这种制度在整个欧洲[5]实行了一百年，获得了极大的[6]成功，并且促进了财富的空前增长[7]。储蓄和投资，对于一个很大的阶层来说，既是他的职责，又是他的乐事。储蓄很少被提取，而是以复利的形式积累起来，从而使我们今天的商业gklf物质财富极大丰富，这一点已经被我们认为是理所当然的。同时，这个时代的道德、政

① 在原文中，此处是"像……这类企业（为数不多）"，而不是"少数私人企业……"

② 在原文中，此处是"变得重要"而不是"流行起来"。

③ 在原文中，此处是"真实的区别"而不是"确实存在的"。

④ 在原文中，此处是"大多数人没有看到这一点"而不是"很少有人注意到这一点"。

⑤ "整个欧洲"是本书特有的。

⑥ 原文中是"几乎难以置信的"而不是"极大的"。

⑦ 原文中是"完全空前的"而不是"空前"。

治、文艺和宗教结合在一起，形成一股促进储蓄的庞大合力[1]。上帝和财神携手同行，保持步调一致。人们在尘世中找到了乐土。富人毕竟是可以进入天堂的——只要他能够储蓄。天国传来新的福音。“我们惊奇地发现，经由上帝明智、仁慈的安排，当人们只关心自己的利益时，他们却对公众做出了最大的贡献”。[2] 天使这样唱道。

这样[3] 创造出的氛围使不断扩张中的企业需求、不断扩大的人口需要与一个舒适的非企业阶层的成长和谐共存、繁荣发展。但是在普遍享受安逸和发展时，以下这个问题普遍被忽视了：这种制度
7 是依赖于货币稳定的，而货币稳定是投资者阶层的命运所系；人们却抱着一种毫不怀疑的信心，认为这个问题可以自行解决，无须顾虑。于是，投资风气日盛，投资数量翻番，直到后来，对于中产阶级来说，金边债券成为最持久最安全的财产的代表。在我们这个时代，这种货币合同稳定和安全的传统观念是如此地根深蒂固，以至于根据英国法律，鼓励财产的受托人把他们的信托基金全部用于这类交易，而且实际上，除了房地产以外（这是一个例外，它本身就是过去遗留下来的一个现象），是禁止把信托基金用于其他用途的。[4]

8 19世纪的人们总是深信自己的幸福经历万古长青，而对过去

---

① 在原文中，这句话的后面是：“我们向婴儿脑海里不懈地灌输过其他的职责吗？除了以其资本为生，我们还把其他的坏的败德行为列入成人的罪恶范围吗？”

② ［《关于货币重要的轻松课程：年轻人用书》，基督教知识普及协会出版，第20版，1850年。］

③ 本段和下一段第一句所包含的材料是《货币改革论》所特有的。原文中此处的表述是：“然而，投资者阶层把他们的命运系于什么样的货币呢？是一定数量的黄金吗？——如果不是，那除非土地法可以界定这样的货币。货币是国家的产物（或动物），它只不过是国家随时宣布的清偿货币合同的适当的法定工具而已。”

④ ［在德国，直到1923年，对财产受托人才解除了类似的责任，那时投资货币所有权形式的信托基金的价值已经完全化为乌有了。］

发生的不幸的教训置若罔闻；在其他方面是这样，在这一方面也是这样。人们似乎忘记了[1]，指望货币用一种固定数量的特殊金属来代表，并没有历史的保证，要指望它代表稳定不变的购买力，则更不靠谱了。然而，货币只不过是国家随时宣布的清偿货币合同的适当的法定工具而已[2]。在1914年的英国，黄金不作为价值标准已经有了一个世纪之久，在任何其他国家，黄金不作为唯一的价值标准也有了半个世纪。每经历一次长期的战争或严重的社会动乱，接踵而至的必然是法定货币的变化，这在历史上竟没有一次例外；但是[3]每一个国家都有一个从最初的经济记录开始的关于代表货币的各种法定货币的实际价值不断降低的几乎完整的历史记录[4]。

此外[5]，历史上货币价值的这种不断低落不是偶然发生的，在其背后有两个巨大的推动力：政府缺钱和债务人阶层强大的政治影响。

因通货贬值而产生的征税权，自从罗马帝国发现之后就一直是国家所固有的。法定货币的铸造，过去是现在仍然是政府最后的准 9
备工具；只要这个工具仍然掌握在政府手里没有被使用的话，任何

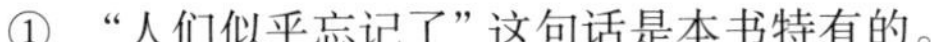

① “人们似乎忘记了”这句话是本书特有的。

② 这句话之前的句子是本书特有的。

③ 在原文中，“但是”后面是一个新的句子：在“一个”前面另加了“最重要的，存在”。

④ 在原文中这里还加了一句话：“每一个学生都知道一只羊曾经值4个便士。”

⑤ 本处接下来的两段文字替换了原文中的下面一段：

“历史上货币价值的这种不断低落不是偶然发生的，在其背后有两个巨大的推动力——政府缺钱和债务人阶层强大的政治影响。铸造法定货币赚钱的权力，自从君主或罗马帝国发现它以来，就一直是国家所固有的，这种权力从来没有被滥用。交战国，或公务活动需要大把花钱的政府必定需要获得比法定程序能够提供的更多的钱；而或迟或早每个政权都可能出现这种情况。然而一旦这种情况发生，只要通货贬值这个工具仍然掌握在政府手里没有被使用的话，任何国家或政府都不会宣告自己破产或垮台。通货贬值一直是而且永远是政府最后的准备工具；即便在最文明的地方，启用这种准备工具也许在100年内会再度出现。”

国家或政府就不会宣告自己破产或垮台。

此外[①]，我们下面将看到，在通货贬值中得到好处的还不只是政府。农民、债务人以及负有义务偿还到期的定量货币的一切人，都可以从中分享利益。在现代经济体制中活跃和积极的分子是经商之人，而过去担任这种角色的则是上面所说的那些阶层。这种在过去使货币贬值的长期变化，帮助了新兴阶层，把他们从僵硬的状态中解脱出来；使他们以牺牲旧财富为代价从新财富中获得利益，依靠积累来壮大企业。货币贬值倾向在过去是在复利下积聚财富和财产继承的一个强大抵消力量。它现在是对积累的财富进行严格分配，把财富经营与财富所有分开的一种分解的力量。借此，每一代人的先人的遗产部分被剥夺了；除非社会有意识地慎重考虑，并设计出一套比较公平和恰当的办法来替代它，否则建立永久财富的计划[②]就会落空。

总之[③]，在这两种力量——政府的财政需要和债务人阶层的政

① 在原文中，此处是“但是”。

② 此处“除非……，否则”在原文中没有。

③ 此处以下两段在原文中是下面这两段：

“在我们这个时代，人们对货币契约的稳定性和安全性是如此的深信不疑，以至于按照英国的法律，财产受托人受到了鼓励，把他们的信托资金全部用于这类交易，而且实际上，除了地产以外（土地是一个例外，它本身就是以前的时代遗留下来的一个残余现象），是禁止把信托资金用于其他用途的。今天，投资的范围扩大了，投资的数量翻番了；对于一切中产阶级来说，金边债券成为这个世界上最持久最安全的投资对象。”

“冷静客观地（并且明了当前的形势）观察如此神奇的结构中所表现出的信心，对于一个哲人来说想必是非同寻常的。它不仅仅产生了一种影响。普通人认识到，之所以在其日常交易中习惯性地使用货币，是因为把货币本身看作是绝对的价值标准，但是这种认识忽视了这个标准后面的最终标准，这就是价值标准是建立在人类满足的真实标准之上的。而除此之外，19 世纪的实际进程并未扰乱人们的幻觉，在人们的观念中——人的记忆甚至短于其生命，历经三代人而不变的事实被看作是永恒的社会结构的一部分。”

治势力——有时是这一个有时是那一个的影响下，使通货膨胀的发 10
展连续不断，货币这种特殊的东西早在公元前六世纪就被设计出来了，我们只要从那时起的这样一个漫长时期来观察，就不难发现这种趋势。有时候价值标准会自然降落；如果这种情况没有发生，货币成色的下降将起到同样的效果。

不过，由于使用货币是我们日常生活中的一个习惯行为，这就很容易把这种情况完全抛在脑后，把货币本身看成是绝对的价值标准；除此之外，一百年的历史进程，对于一个普通人来说，他的幻觉并没有被扰乱时，就会把幻觉当作事实，就会把历经三代人都不变的事实看作是永久社会结构的一部分。

19 世纪的历史进程巩固了这种观念①。在这个世纪的前 20 多年里，②跟随着拿破仑战争时期的物价高涨，货币价值有了相当迅速的增长。在随后的 70 年间，除了一些短期的波动以外，价格变动的趋势是持续下降的，1896 年达到了最低点。尽管价格变动趋势是这样，但就这个世纪整个时期来看，价格水平相对稳定是其显著特征。1826、1841、1855、1862、1867、1871 和 1915 年，以及与这些年份相近的期间，出现了差不多相同的价格水平。1844、1881 和 1914 年价格也是持平的。如果把上述这些物价指数设为 100，我们就会发现，从 1826 年到战争爆发的近 100 年时间内，不论物价是向上或向下波动，最大波动幅度 30，即物价指数从未高于 130 也从未低于 70。这就难怪我们相信长期中的货币契约具有稳

① 此处的“这种观念”在原文中是“在一定程度上促进了这种观念的发展”。

② 此处在原文中是“拿破仑战争时期，是一个物价高涨时期，随之而来的是物价的相当迅速的下降，或者，换言之，”。

11 定性了。**黄金**这种贵金属，作为一种人为地规定的价值标准，也许并不具有一切理论上的优势，但[1]它的价值是不能人为操纵的，并且经过实践证明它是可靠的。[2]

与此同时[3]，在这个世纪初期，英国统一公债（Consols）的投资者获得了巨大的成功[4]，这表现在三个不同的方面。首先是投资的“安全性”[5]，在投资者看来，这一点已经达到了近乎绝对完美的地步。其次是这种公债的资本价值有了一定的增值，其中的部分原因正如上面所说的，主要是由于利息率的稳步下降，使资本本金带来的每年所得的购买力增长了[6]。最后，每年货币收入的购买力总体上是增长的。例如，就 1826 年到 1896 年这 70 年来看（假如不考虑滑铁卢战役之后的一度大幅上涨），我们发现，统一公债的资本价值在逐步提高，从 79 提高到 109，期间仅仅出现暂时的跌落（虽然在戈申手里，公债利率在 1889 年从 3% 下调到 2.75%，1903 年又进一步下调到 2.5%），同时公债每年利息的购买力还是增长了大约 50%，虽然利率下降了。而且[7]，这种统一公债的稳定性也提高了。

① 在原文中此处还有“至少”一词。

② 此处“经过实践证明它是可靠的”在原文中为“经验证明了它的可靠性”。

③ 此处在原文中还有如下的表述：“某一代人的习惯观念是建立在其前辈经验的基础上的，这样我们就可以充分、适当地解释 19 世纪末‘金边债券’投资为什么获得了那样的声誉。”在原文中没有“与此同时”这句话。

④ 此处删去了原文中的“由于三个原因，对投资者来说——非常成功”。

⑤ 此处删去了原文中的“（根据投资市场判断的）投资的安全性已经稳步提高”。

⑥ [如果（例如）利率从 4.5% 下降到 3%，那么利率为 3% 的统一公债价值将从 66 上升到 100。]

⑦ 此处删去了原文中的脚注：“因此，资本价值的购买力——如果投资者希望实现其资本增值的话——会翻倍。”

在维多利亚王朝时期，除了经济危机时期，这种统一公债的价格从未降到 90 以下。即便是在王位摇摇欲坠的 1848 年，其年平均价格也只不过下降了 5%。当维多利亚刚登上王位时，公债价格是 90，在她举行登基 60 周年纪念时，价格却达到了最高值。这就难怪我 12
们比我们的父母更把统一公债看作是一项绝佳的投资项目了！

于是在 19 世纪产生了一个有权有势[1]并且备受尊敬的阶层，他们单个来看都很富裕，总体上看也非常富有，他们既没有不动产，也没有经商或金银财宝，但是他们拥有的只是一种权利，凭借这种权利，他们每年可以获得法定货币收入。这就使得这类公债成了 19 世纪的一个奇特的产物，成了那个时代的骄傲，因而中产阶级把他们的储蓄主要[2]用来购买公债。习惯和成功的经验已经为这种[3]投资的安全性赢得了毋庸置疑的声誉。[4]

在大战前，由于物价上涨，也由于利率上升，这些中介财产已经开始蒙受损失（与 19 世纪中叶这类财产的繁荣顶峰时期相比）。但是，随着战争爆发而引发的一系列货币事件，使这类财产的实际价值，在英国丧失了一半，在法国损失了八分之七[5]，在意大利失去了十二分之十一，在[6]德国以及在奥匈帝国解体后相继建立的那些

① 原文中“有权（powerful）”和“备受（greatly）”单词前均有不定冠词“a”。

② 此处用“主要（mainly）”替换了原文中“大量（greatly）”。

③ 此处用“这种（such）”替换了原文中的“这些（these）”。

④ 此处用“投资的安全性赢得了毋庸置疑的声誉”替换了原文中的“投资的安全性的声誉几乎被认为是绝对的”。

⑤ 此处用“八分之七”替换了原文中的“七分之六”。

⑥ 此处余下部分替换了原文中的“在德国丧失了99%。这还没有把税收负担增加计算在内”。

国家和在俄国，事实上已全部化为乌有。

13 战前时期英国典型的投资者的损失[①]完全可以用统一公债的投
14 资者遭受的损失来衡量。正如我们看到的那样，这类投资者，除了暂时的波动，一直到1896年其财富都在稳步增长，在1896年和1897年，年金的资本价值和货币的购买力同时达到最大值。另一方面，1896年到1914年，投资者遭受了严重的损失——年金的资本价值下降了大约三分之一，投资者收入的购买力也下降了将近三分之一。不过，这种损失是从一个罕见的最高点[②]，历经将近20年时间逐渐产生的，并没有使他们的财富状况比80年代初或40年代初更坏。最重要的则是战争时期带来的更迅速的损失。从1914年到1920年，投资者的年金的资本价值下降了三分之一以上，他们的收入的购买力差不多下降了三分之二。另外[③]，所得税的标准税率从1914年的7.5%提高到1921年的30%[④]。用整数进行粗略[⑤]估计，这个变化可以用以1914年为基期的指数来表示（见表1.2）。

---

① 此处下文在原文中是："这样一种财富逆转值得详细考察。货币收益固定（这是典型的金边债券投资者的收益状况）的年金所有者面临两种损失：一种是资本损失，如果年金能够购买的年收入比以前更少的话；另一种是购买力损失，如果货币贬值的话。如果这两种情况同时出现，在他希望收回投资的情况下，他的损失就是双倍——他的债券卖价降低了，他出售债券所获得的每单位货币的价值也降低了。"

② 此处"从一个罕见的最高点"在原文中是"从一个高的、不寻常的最高点"，这句话前面是单词"over"。

③ 此处"另外"在原文中是"除此之外，我们只需要记住"。

④ [1896年以来，遗产税增加了。]

⑤ 此处"粗略"替换了原文中的"大体上说"。

表 1.2　货币价值变化的影响

年份	统一公债的收入购买力[a]		统一公债资本价值的货币价格	统一公债资本价值的购买力
	（1）按标准税率扣除所得税之前	（2）按标准税率扣除所得税之后		
1815	61	59	92	56
1826	85	90	108	92
1841	85	90	122	104
1869	87	89	127	111
1883	104	108	138	144
1896	139	145	150	208
1914	100	100	100	100
1920	34	26	64	22
1921	53	39	56	34
1923	62	50	76	47

a ［没有考虑利率从 3% 降低到 2.5%。］

表 1.2 第二列清楚地表明，即便我们忽略 1896—1897 年反常
的价值变化，从滑铁卢之战到第一次世界大战这一个世纪，金边债
券的投资业绩是多么辉煌。表 1.2 说明，到维多利亚女王登基的钻
石禧年，英国中产阶级的繁荣达到了①何等的巅峰。表 1.2 的数据
同时也显示了那些试图和战前一样依靠信托投资收入为生的人令
人叹惜的困境。到 1922 年，统一公债所有者的真实收入仅相当于 15
1914 年的一半，相当于 1896 年的三分之一。19 世纪的财富增进
整体上被抹去了②，他们的财富状况远不如滑铁卢战争之后了。

① 此处删去了原文中的“历史上”。

② 这句话在原文中是“它为我们描绘了一代人的经历如何会误导另一代人，而坏的结局将降临到最明智的父母那些过于温顺的后代的头上。”

一些缓和的因素不应被忽视。尽管战争时期是耗散整个社会资源的时期，但是对储蓄阶层（saving class）的个人来说，它又是一个储蓄时期，因为他们中的绝大多数人持有政府债券，现在对国库收入拥有了越来越大的总量货币索取权。投资阶层也亏损了，他们通过社会和家庭关系而和商业阶层交叠，商业阶层所赚的钱足以在许多情况下弥补严重的亏损。更何况，英国经济从 1920 年的低谷有了明显的复苏。

但是，这些事情并不能消除上述事实的重要意义[①]。由于战争的
16 影响，以及随着战争而来的货币政策实施的结果，使投资阶层拥有的财产中实际价值的绝大部分化为乌有。这类损失的发生，来势异常凶猛，而且这类损失还和其他更糟糕的损失交织在一起发生，因此单就这类损失来说，它的影响还不被人们充分认识到。不过，尽管如此，它的影响所及，已经使不同阶层的相对地位发生了深刻变化。就整个欧洲大陆来说，中产阶级在战前的储蓄，凡是投资于债券、抵押或者银行存款的，大部分或全部都丧失了。毋庸置疑的是，这个经验教训[②]必定改变[③]人们对储蓄和投资行为的社会心理状态。过去被认为是最安全的，现在被证明是最不安全的。一个安分守己的人，他既不乱花钱，也不从事“投机”活动，只是为其家庭“提供必要的生计”，他追求安全，严格遵守从经验中得来的教训以及前人传下来的可敬的信条——他确实不奢望什么好运，然而却遭受了

① 此处“消除……重要意义”在原文中是“消除……特性”。

② 此处的“经验教训”在原文中是“充分认识到其后果”。

③ 此处的“改变”在原文中是“影响”。

最严重的惩罚。

我们从上述事件里可以吸取哪些经验教训呢[①]？我认为主要的一点是，把19世纪发展起来（并且到现在仍然保留着）的社会组织结构和对货币价值的自由放任政策结合在一起，既不安全，也不公正。认为我们以前的制度安排运行得很好，这不完全符合事实。如果我们想继续把社会的自愿储蓄转化为“投资”，就必须把储蓄和投资借以表现的价值标准保持稳定作为政府政策审慎考虑的一个主要目标；随着时光流逝，由于遗产继承法和积累率，如果坐享其成、不从事经济活动的阶层获得收入过多，而相比之下，从事经济活动的阶层获得的收入过少，就必须采用其他方法来调整国民财富
再分配（应当考虑使一切形式下的财富受到同样的影响，而不应集 17
中打击这些比较无助的“投资者”）。

二、企业家阶层

长期以来企业界和经济学家们普遍认为，价格上涨是对企业的一种刺激，因此使企业家从中获利。

首先，正如我们上面考察过的，投资者阶层的所失，足以对等地形成企业家阶层的所得。当货币价值下降[②]，显然那些从事积极的经济活动的人，就其每年获得的利润中支付一个固定数额货币的

① 这一段文字是本书特有的，原文中是下面这段话：“这种剥夺对社会是一个净损失，还是其他阶层从中获得好处的财富再分配的另一面？投资阶层被剥夺了真实价值的那部分资金，一部分被国家拿走了，然后被用于战争消费而消耗了。不过，在某种程度上，财富还是被再分配了，企业家阶层和劳工阶层各自得到他们的那一份。下面我们将进一步讨论这个话题。”

② 在原文中，凯恩斯补充说：“物价上升，情况相同。”

人必定受益，因为这时他们支出的这个固定数额的货币占其货币周转量的比例，比以前降低。这种收益的获得，不仅存在于发生变化的过渡期，而且也存在于价格稳定在新的更高水平的时候，只要原有的借贷关系继续存在。例如，整个欧洲的农民，但凡通过抵押贷款筹集资金购买土地进行耕种的，由于币值下降，现在感到几乎没有了借债负担，利益受损的却是提供抵押贷款的债权人。

在币值变化时期，物价逐月上涨，企业家还可以获得更大的意外之财。无论是贸易商还是制造业主，他们通常都是先买后卖，至少他们存货中的一部分将冒着价格变动的风险。因此，如果他手中的存货逐月升值，他总是能以高于其预期的价格卖出存货获得意外利润，这些利润是他们原来所没有算计到的。处在这样的时期，做生意就成了一件轻松愉快的事。任何人，只要能借到钱，运气又不
18 是特别差，就一定能盈利，这种所得可能和他的付出没有什么关系。不断享受到这种意外利润会引发续借的预期。这会导致银行贷款业务突破正常规模[①]。如果市场预期物价将进一步上涨，商品存货将被投机者囤积，待价而沽，就是很自然的事，并且，在一段时间内，仅仅通过引诱投机性购买来产生物价上涨预期就足以形成真实的物价上涨。

以《统计学人》杂志发布的 1919 年 4 月到 1920 年 3 月的原材料月度物价指数为例[②]：

① 此处的“正常（normal）”在原文中是“通常（usual）”。

② 在原文中，此处以下的文字是：“物价不断上升刺激了投机，因此产生了对银行贷款的需求，这个事实是众所周知的，但是这个过程产生的全部算术级数大小还没有被人们足够认识到。我们应了解这一点。”

表 1.3　原材料物价指数（1919 年 4 月—1920 年 3 月）

时间	物价指数	时间	物价指数
1919 年 4 月	100	1919 年 10 月	127
1919 年 5 月	108	1919 年 11 月	131
1919 年 6 月	112	1919 年 12 月	135
1919 年 7 月	117	1920 年 1 月	142
1919 年 8 月	120	1920 年 2 月	150
1919 年 9 月	121	1920 年 3 月	146

从表 1.3 可以看出，如果一个人从银行借款用于购买任意选择的原材料，他将在这段时期内每个月都稳定获利，除去最后一个月，净得 46% 的年平均利润。而银行在这段时期向他收取的贷款利率不超过 7%，他不需要使用什么特殊的技艺，每年就可以净赚 30%—40% 的利润，任何人只要足够幸运都可以通过这种途径[①]赚钱。那些经商并具有专业知识的人对某种商品的价格走势做出明智的预期该有多少机会啊！不过，任何一个原材料经销商或大规模使用原材料的用户都清楚他的交易的市场状况。在这种物价变动时期，这种商业利润对于那些技能不高或有些运气的人来说的确是出乎意料了。短短几个月就可以赚到巨额的财富。但是除此之外，19
那些诚实做生意的人，他们一想起自己被人们视为奸商或投机商就觉得痛苦和受辱，物价变动也会使他们获得意外之财，这些意外之财既不是他刻意追求的，也不是他奢望的。

经济学家已经明确界定了“货币”利率和“实际”利率。如果一笔钱按照商品衡量值 100，以 5% 的利率借出一年，到年末贷方收回时按照商品衡量只值 90，把利息算在内也只值 94.5。这也可

① 此处的“这种途径”在原文中是“这种罪恶的勾当”。

以这样说，虽然货币利率是 5%，但是实际利率实际上是负数，等于−5.5%。同样的道理[①]，如果在年末货币价值上升，借出的本金按照商品衡量值 110，在这种情况下，虽然货币利率仍旧是 5%，但是实际利率变成了 15.5%。

这样思考上述问题，尽管工商界没有明确地[②]认识到，但是它绝不是一个学术问题。工商界可能会说，甚至会想[③]，考虑货币利率本身就够了，无须考虑实际利率。但是不能这样思考。那些正在盘算着 7% 的银行利率是否会迫使他们缩减经营规模的贸易商和制造商[④]，他的行为会受到他关注的那些商品未来价格预期的很大影响。

因此，当物价上涨时，借钱经营的企业家偿还的借款按照其实
20 际价值来衡量，不但没有支付利息，甚至比原来借得的本金还要少；也就是说，实际利率降为负值，而借款者获得了相应的利益。确实，只要物价上涨被预见到，增加借款以便从中获利的行为就会推动货币利率上涨。正是由于这个原因，较高的银行利率应当和物价上涨阶段联系在一起，而较低的银行利率和物价下跌阶段联系在一起[⑤]。这个时候货币利率表现异常不过是实际利率本身稳定的另一

① 此处的“同样的道理”在原文中是“类似的”。

② 此处的“明确地”在原文中是“常常明确地”。

③ 在原文中这个动词是主动语态而不是被动语态。

④ 这句话的余下部分在原文中是“或明或暗地，他们更多考虑的是他们关注的那些商品物价的走势而不是别的因素”。

⑤ 此处前三句话在原文中没有，原文中的表述是“正是由于这个原因，较高的银行利率是，并且必然是和物价上涨阶段联系在一起，而较低的银行利率和物价下跌联系在一起。”

种表现。然而[①]，在物价快速变化时，货币利率一般不能充分地或者足够快地自我调节以阻止实际利率变得异常。因为不是物价已经上涨的事实，而是综合了各种可能的价格变动和每一种价格变动的概率后对物价上涨所做的预期，影响着货币利率；在货币还没有完全崩溃的那些国家，公众很少或者从未有过对物价进一步上升或下降的足够信心来引起短期货币利率每年上涨超过10%或者下降低于1%[②]。这种幅度的波动不足以平衡物价向上或向下每年（比如说）超过5%的变动，实际的物价变动常常超过这个比率。

最近德国[③]解释了货币利率超常变化的原因：当物价以迅猛的 21,22

① 这段文字的余下部分在原文中是："确实，在物价快速变化阶段，货币利率本身不可能充分地或者足够快地自我调节以阻止实际利率变得异常，因为货币利率变动还受其他因素影响。但是，即便在这个时候，货币利率的涨跌（实际情况可能是这样）仍然会对投机行为产生决定性的影响，因为作为企业家，他为了从未来较高的实际利率中获得好处而借钱，必须在物价还没有上涨以前出手，并根据概率而不是确定性来进行盘算，因此，他的借款行为将可能由于货币利率的较小幅度变动而不是实际利率的变动而止步不前，他实际上是依据货币利率变动幅度来进行盘算的，而不是按照确定性来盘算的。"

② 凯恩斯在此处加了一个脚注，这句话以"企业家"这个单词开头。在他的手稿中，他后来修改了第7行，把"高"改为"低"。

③ 此处以后的三段话是本书特有的，这三段话替换了原文中的这段话："不过，还存在另一种优势，当物价上涨时企业家可以借此获利；工厂、建筑物和设备的建造成本比现在重置它们的成本要小得多，这使得企业家能够有相当大的把握防范新的竞争对手出现。因为，他有条件，至少暂时有条件，通过和他的产品的消费者分享一部分意外利润，来应对竞争，并且能够把价格降低到使其新的竞争对手无法获得正常利润的水平，同时不会使自己陷入财务困境。此外，物价的不稳定性，对高物价的不可持续性的担忧，会使得新的竞争对手望而却步。花费这样一笔持久的支出，这笔支出只有在物价持续保持在高位的时候才能够收回，他会认为这样做不值得。在一个相当大的物价变动之后，预期经过市场反应，使得物价回调到人们习惯地认为的正常水平，这自然是人们的良好愿望。所有这些担忧和预期，不论看上去是好还是坏，都倾向于巩固现存的和原有的企业的地位。"

方式持续上升过久，不论对错，人人都相信物价还会进一步上涨的时候，为了稳定实际利率，货币利率以超常的速度上升。然而到目前为止，货币利率从未上升到和物价上涨保持同步。1922年秋天，物价变动的影响全部展现出来了，德国的长期实际利率变成了一个很大的负数，也就是说，在过去那段时期，借入马克并把这些钱转化成资产的人会发现，在任一时期末，以马克来衡量，资产的升值远远大于他们为借款而支付的利息。通过这种手段，一些人从物价上涨这种大众的灾难中攫取了巨额财富；那些最早发现正确的游戏规则，就是借钱借钱再借钱，他们赚取了实际利率和货币利率之间的差价，因而赚得很多。但是在这之后，由于货币利率的滞后影响，良好的营商环境持续了好多个月，于是每个人都开始动手捞钱。当时，德国国家银行的名义利率是8%，短期贷款的实际金边利率已经上升到每年22%。1923年上半年，在市场利率以异常的幅度剧烈波动时，德国国家银行的利率上涨到24%，随后涨到30%，最
23 终达到108%，有些贷款的周利率有时候达到3%。随着1923年7月到9月间通货的最终崩溃，公开市场利率遭受重创，达到每月100%。然而，面对这样的通货贬值速度，即便这么高的利率也不足以阻止借贷活动，那些大胆的借款者仍然能够赚钱。

在匈牙利、波兰和俄罗斯上演了同样的场景，在预期物价会进一步下跌的地方，极为清楚地展现的场景和预期物价会上涨时出现的场景一样。

另一方面，当两年之间物价的平均跌幅达到30%—40%时，就像1921年的英国和美国那样，即便是1%的银行利率也会使企业感到难以承受，因为它们面对的是很高的实际利率。凡是能够事先

预见（哪怕是部分预见）到这种变化趋势的人，都能够通过出售资产、暂停经营而使自己获利。

货币贬值虽然是企业家获利的一种捷径，但他由此也[①]成为万人唾骂[②]的[③]对象。对于消费者来说，企业家的意外利润是人人痛恨的物价上涨的原因（而不是结果）。对于企业家本人来说，在其财富价值瞬息万变的波动中，他逐渐丧失了谨慎的本性，渴望获得当前大规模的[④]利润，而不是通过正常经营获得较低的但是稳定持久的利润。在他看来，企业长远发展的利益不如从前那么重要了，他兴奋起来的[⑤]思想所关注的是当下的暴利。他的意外之财原本不是他刻意追求的，也不是他有意谋划的，但是一旦得到了他就不会
轻易放弃，他将不遗余力来争取其财源。他[⑥]，作为一个企业家[⑦]， 24
有了这样的冲动和机会，其心情并不是轻松的[⑧]。就他所在的社会关系来说，就他在经济体制中的作用和必要性来说，他现在内心里失去了自信心。他担忧自己的生意，担忧自己阶层的前途，他越是想更紧更牢地抓住财富并使财富增长[⑨]，他越是觉得缺少安全保障。作为一个企业家，他是社会的栋梁，是国家未来的建筑师，不久以

① 此处的“也（also）”在原文中是“an”。

② 在原文中，此处还有下列内容：“他经常遭受攻击，但却无还手之力。”

③ 原文中此处还有“not less”。

④ 此处“大规模的（large）”，在原文中是“巨大的（enormous）”。

⑤ 此处“兴奋起来的（excited）”，在原文中是“并非心不在焉的（not absent）”。

⑥ 此处的“他（himself）”在原文中是“然而（yet）”。

⑦ 在原文中，此处还有下面这句话：“（企业家）是一个具有本能和天然本性的生物体，他是纯真的，有自知之明的”。

⑧ 在原文中，此处还有“不时感到羞愧”。

⑨ 在原文中，此处还有下面的表述：“怀有这些情感和焦虑的企业家自然是恐吓的牺牲品，畏惧人言之人。”

前[1]，他的行为和他所获得的回报几乎像人们崇拜宗教献身那样受到尊重，在所有的个人和阶层中，他最受尊崇、最受赞颂，被认为是不可或缺的社会成员，如果他的行为受到干扰，就会被认为不但会造成不幸的后果，而且是一种亵渎的举动，但是现在世风变了，他遭到社会蔑视，他自己也感到不被信任和受人攻击，是不公正、不公平法律的牺牲品，觉得自己就是一个暴发户，一个奸商。

如果人们相信财富是通过[2]幸运的赌博而来，任何有理智的[3]人都不会甘于贫穷。把企业家当作奸商是对资本主义的重重一击，因为它破坏了心理上的均衡，而只有在这种心理状态下，不均等的回报才可以持续存在。经济学[4]所说的正常利润，人们[5]对其认识是模糊的[6]，这是资本主义合理性的必要条件[7]。只有当企业家的回报大体上，在某种意义上，和他对社会的贡献联系在一起，企业家的行为才可以被社会所接受。

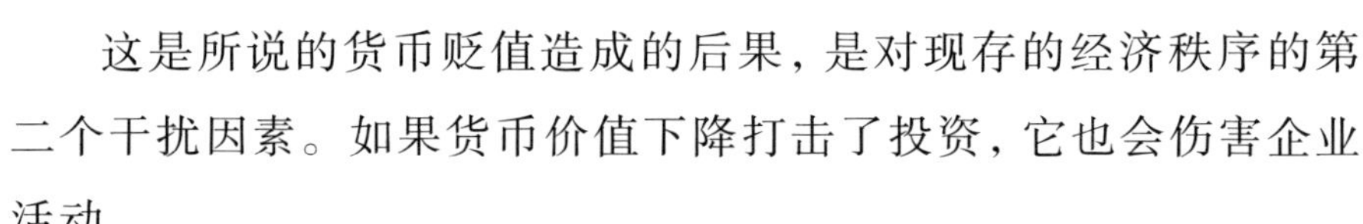

25 这是所说的货币贬值造成的后果，是对现存的经济秩序的第二个干扰因素。如果货币价值下降打击了投资，它也会伤害企业活动。

还有，即便在经济繁荣时期，企业家也不被允许保留其全部的

---

① 此处“不久以前”，在原文中是“最近(lately)”，它放在“给予(accorded)”这个词的前面。

② 在原文中这里还有“抢劫或者(loot or)”。

③ 此处的“有理智的(spirit)”在原文中是“不是无助的(who is not helpless)”。

④ 此处的“经济学”在原文中是“经济学教科书”。

⑤ 此处的“人们(everyone)”在原文中是“整个社会(the whole community)”。

⑥ 此处的“模糊的(vaguely)”在原文中是“粗略的(crudely)”。

⑦ 此处的“必要条件”在原文中是“基础(the basic)”。

额外所得。治疗当今的这种弊病，我们有许多流行的疗法，例如各种补贴、价格和租金的决定、打击投机者、征收超额利润税等，但是这些疗法都没有什么效果，最终它自身也变成了弊病的一部分。

繁荣之后萧条接踵而至，物价随之下跌，那些持有存货的人所受到的影响正好与物价上涨的时候相反。意外损失取代了意外回报，而这与经营效率没有什么关系；这时候每个人都力图尽可能少地持有存货，由此导致产业陷入停顿，这和他们以前由于过度兴奋[①]而力图囤积存货形成鲜明的对照。结果，失业取代了牟取暴利，成为时下的一个严重问题。同时，在那些通货稳定的国家，贸易和信用的周期运动部分逆转了 1920 年的物价大幅度上涨，至少暂时有这种效果，而在那些持续通货膨胀的国家，这种周期运动只不过在货币贬值的急流中下了一点毛毛雨。

三、工薪阶层

经济学教科书里一直有[②]一个老生常谈的说法[③]：工资变化总是滞后于物价变化，因此[④]，在物价上涨时期，工薪阶层的实际收入是 26
不断降低的[⑤]。在过去，情况常常确实是这样，就是在现在，对于那

① 此处在原文中还有下列内容："这种贸易的周期运动，虽然它在1920年加快了货币价值的变化，现在却缓和了这种变化，但不适合在这里讨论。实际上，在那些通货膨胀最严重的国家，这种周期运动只不过在货币贬值的急流中起到下了一点毛毛雨的作用。经济繁荣加速了币值下跌；但是，即便在英国，现在也没有出现固定收入的价值真正恢复的迹象，而在欧洲大陆多数国家，形势还在继续恶化。"

② 此处的"一直有（has been）"在原文中是"有（is ）"。

③ 此处的"一个老生常谈的说法"在原文中是"一种正统的观点"。

④ 在原文中是"其结果"。

⑤ 原文是"至少暂时降低"。

些要改善他们的经济状况的阶层来说，他们如果处境不利或组织不当，这个说法也是正确的。但是，在英国，同时也在美国[①]，无论如何，就劳工中一些主要[②]部门[③]的劳动者来看，情况已经不是这样，他们能够利用形势变化，不但能够获得和过去相等购买力的货币工资，而且还能够使其经济状况得到真正的改善，这种改善还和工时减少结合在一起（迄今为止，工人的实际工作时间缩短了）；（就英国来说，）[④]这种情况是在整个社会总财富遭受缩减的时候发生的。出现这种反常情况不是偶然的，而是有确定的原因可寻的。

一些劳工——铁路工人、矿工、码头工人以及其他劳动者，为了实现工资增长，其组织比过去做得更好。军队中的生活，或许是战争史上的第一次，在传统的需求标准上有了许多提高——士兵们穿得更好，饮食也经常胜过工薪劳动者，他们的妻子，除了领取战时分居津贴，就业机会比以前增加以外，思想认识也比以前有了提高[⑤]。

这些影响因素，虽然构成了工薪阶层要求改善境况的动机，但是如果不是因为另外一个原因——企业家的意外之财，也还是缺少达成目的的手段的。企业家日进斗金已是人所周知的事实，他们的

---

① 原文中没有“同时也在美国”。

② 原文中是“大多数的”。

③ 原文中是“行业”。

④ 原文中没有括号中的这个插入语。

⑤ 在原文中，这句话后面还有：“而且，被公民礼貌地称作“道义”的战争期间的士兵供养条件一直以减免士兵家属负担的措施被执行，这些减免措施的效果有时比对社会特殊人群进行贿赂好得多，这个事实使英国政府养成了一种习惯，在和平时期继续保留了这些措施；政府觉得，与为了战时便于战胜敌人而暂时做出重大牺牲相比，为了击败对手在和平时期保留这些措施，差不多是同样公正合理的。”

意外利润远远超出了商业的正常利润水平，这导致他们面临压力， 27
这些压力不但来自他们的雇员，而且还来自公众的舆论；而他们要化解这些压力在财力上是没有困难的。事实上，为了化解这些压力，他支付赎金，和他的工人分享意外之财，这些事情是值得去做的。

因此，在战后的这些年，和所有其他阶层相比，除了“暴发户”，工人阶级的相对地位得到了提高。在一些重要的方面，工薪阶层提高了他们的绝对地位——也就是说，如果把他们的工时缩短了，货币工资提高了，物价上涨了这些考虑在内的话，有些工薪阶层，就其每单位努力或每单位完成的工作所获得的报酬来看，他所获得的实际报酬也是比以前提高的。但是，除非知道工人阶级的报酬增加源于何处，否则我们就无法判断（与需求相对照）这种状态的稳定性。我们想知道，工薪阶层的报酬增长，是由于决定着国民产出在不同阶层之间分配的那些因素的持久改善呢？还是由于某些暂时的或可消去的影响因素？而这些因素是和价值标准的变化引起的通货膨胀以及干扰因素联系在一起的。

价值标准的剧烈扰动会掩盖事实真相。短时间内，一个阶层能够暗中以牺牲另一个阶层的利益而获利，这样做并不会马上产生必然的反应。在这种情况下，一个国家可以在不知不觉中把本当用于未来投资的那些储蓄用于当前消费，甚至侵蚀现有资本，或者无法战胜通货贬值。当货币价值大幅度波动时，资本和收入之间的区别就被混淆起来了。使一个社会依靠资本的意外之财为生，这是通货
贬值的弊端之一。社会资本品的货币价值不断提高，暂时掩盖了存 28
货真实数量的减少。

经济进入萧条期，对工人阶级境况的不利影响主要是来自失

业而不是[1]实际工资的降低，而国家对失业者的救助很大程度上缓解了这种不利影响。虽然货币工资随着物价下降而降低了，但是1921—1922年的衰退并没有逆转[2]前些年工人阶级相对于中产阶级获得的相对优势，甚至没有大幅度减少这种优势。如果把工时缩短带来的利益考虑在内，1923年[3]英国的工资率高于战前水平，并且也比生活费用提高了更多。

在德国和奥地利，货币价值的变化也加重了本已处于艰难境况的中产阶级的负担，但是加重的程度远比英国和法国大得多，迄今为止，德国和奥地利的工薪阶层压根儿不认同中产阶级的损失是与其所作所为完全相称的。假如说德国的大学教授们对孕育战争的
29 环境负有某种责任的话，那么他们所在的阶层的境况已经受到了损害。在整个欧洲，中产阶级——很多好东西就是出自他们之手——

① 此处的“而不是”在原文中是“与其说”。

② 此处的“并没有逆转”在原文中是“还没有逆转”。

③ 这句话的结尾与原文不同，原文中这句话的结尾如下：

“即便在德国，货币价值的变化成了本已处于艰难境况的中产阶级负担的最大部分，但是，迄今为止，德国的工薪阶层压根儿不认同中产阶级的损失是与其所作所为完全相称的。假如说德国的大学教授们对孕育战争的环境负有某种责任的话，那么他们所在的阶层的境况已经受到了损害。

我为中产阶级的贫困而感到痛惜，很多好东西就是出自他们之手。这个阶级贫困的后果可能慢慢地在文理科的衰落上反映出来。

以上的讨论说明，自第一次世界大战以来，欧洲的财富生产一直在衰减，在很大程度上，这种衰减不仅以牺牲所有的阶层的消费为代价，而且以牺牲资本积累为代价。由于人口增长带来需求增长，为了保持生活水准不变，资本必须按相应的比例增长。19世纪良好的储蓄环境，保证了资本和人口二者之间的成比例增长，尽管现在人们对这种环境一笑了之。以前存在的不同阶层之间的利益平衡关系被打破——这很大程度上溯源于货币价值的变化，也许会摧毁这些有利于储蓄的环境。

由于这些深层次的原因，欧洲陷入了生活水准持续降低的危险境地，除非运用大智慧来进行调控，否则别无他法。”

贫困的影响必定慢慢积聚到文理科的衰落上。

我们的结论是，通货膨胀以损害投资者阶层，给企业家阶层带来厚利的方式对财富进行再分配，在现代工业环境中，通货膨胀的再分配可能有利于整个工薪阶层。通货膨胀最受人关注的后果是它对那些虔诚地以货币形式而不是以实物形式保持储蓄的人造成的**不公正**。而这种不公正又会产生更为深远的影响。上面的讨论表明，自第一次世界大战以来，欧洲就出现了财富生产的缩减，这种生产的缩减，在一定程度上，不但牺牲了所有阶层的消费，而且牺牲了资本积累。更重要的是，通货膨胀不只是削弱了投资者阶层储蓄的能力，而且破坏了信心环境，而这种信心环境是形成储蓄意愿的前提条件。然而，要保持生活水准不变，人口增长必须和资本增长成比例。在英国的未来许多年里，不管从现在开始人口出生率是多少（目前每天出生的人数差不多是死亡人数的两倍），每年将有超过 25 万的新劳动力进入劳动力市场，超过了每年退出劳动力市场的人数。为了保证这个越来越大的劳动力阶层的生活水准不变，我们不但需要不断扩大市场，而且需要不断增加资本设备。为了使我们的生活水准不降低，国民资本必须和劳动力供给同步增长，这意味着按照目前的计算口径，每年新增的储蓄至少达到 2.5 亿英镑[①]。19 世纪良好的储蓄环境，保证了资本和人口二者之间的成比例增长，尽管现在人们对这种环境一笑了之。以前存在的不同 30
阶层之间的利益平衡关系被打破——这很大程度上溯源于货币价

① ［即，安排一个劳动力就业花费在资本设备上的支出不低于1000英镑，这笔支出包括为劳动者及其家庭提供的住房和生活必需品，它使劳动者能够提供有效率劳动。事实上，这个支出数额可能是低估了。］

值的变化，也许会摧毁这些有利于储蓄的环境。

另一方面，正如我们将在下一章第二节看到的那样，如果存在以法定货币记账的巨额国债，通货紧缩将会以其他的方式打破食利者阶层的利益平衡，而税收负担将使得社会的生产者阶层不堪重负。

第二节　货币价值变化对生产的影响

无论出于什么原因，不论对还是错，如果企业界预期价格将下降，生产的进程将会受到阻碍；如果预期价格将上升，那么生产进程将会受到过度刺激。价值尺度发生波动，丝毫不会改变世界的财富、需求或者生产能力。因此，价值标准出现波动时，生产出来的产出的性质或数量不应该受到影响。相对价格的变动，也就是说，不同商品比价的变动，影响的应该是生产的性质，因为这表明，各种不同的商品不再按照原来完全相同的比例被生产出来。但是物价总水平的变化，其情形就不是这样了。

对物价总水平变化的预期会影响生产进程过程这一事实，深深植根于现有的社会经济结构的特性，这些特性一部分在本章前面已经论述过，剩下的部分是现在将要谈到的。我们已经看到，当物价总水平发生变化，也就是当确定货币借入者（他们做出使生产活跃起来的决策）与货币借出者（一旦借出货币，他们就不介入生产过程）之间的债权债务的价值标准发生了变化，就会影响实际财富在这两个集团之间的再分配。而且，居于主动地位的集团（货币借入
31 者）如果能预见到这种变化，他们就可以提前采取行动，当预期的货币价值变化真的发生时，他们就可以把损失转嫁给另一个集团而

最大限度地降低自己的损失，或者牺牲另一个集团的利益来增加自己的收益。如果他们预期物价将下降，作为一个集团，他们将会减少生产，这样做，对他们来说也许是合算的，虽然这种被迫的资源 32
闲置会造成社会整体上的贫困。如果预期物价将上升，他们就会增加借款，扩大生产，把生产扩张到他们的努力所获得的实际回报足以补偿整个社会的那一点以外，在他们看来，这也许是合适的。当然，价值标准的变化，有时候，尤其是这种变化没有被预见到的时候，可能在损害一个集团的同时使另一个集团获利，这种影响也许与它对生产数量的影响不成比例；不过，居于主动地位的这个集团，就其预见这种变化的趋势，就将像我已经描述过的那样[①]。实际上这等于是说，生产的强度主要决定于在目前条件下企业家所预期的实际利润。但是，只有当各方的利益微妙细致的调整没有被价值标准的波动所打乱时，这个判断标准对整个社会来说才是正确的。

但是，现代生产方式之所以需要一个稳定的价值标准还有进一步的原因，这个原因和上面的内容相关但却不同，它某种程度上源于上面描述过的社会结构的特征，但是这个原因被现代的生产过程的技术方法所深化了。随着国际贸易的发展，商品原产地和最终消

① ［只要薪资的货币价值比实际价值更趋于稳定，工薪阶层的利益就将与那些居于被动地位的资本家集团的利益相一致。只要消费者在消费之前能够在现金和购买的商品之间改变其流动资产的分配，他们的利益就和居于主动地位的资本家集团的利益相一致；并且，他们根据自身利益所做的决策，可能会增强居于主动地位的资本家集团的利益的影响。但是，同一个个人的利益常常就是其中某个集团的利益，就其某种才能来说，他可能属于某个集团，而就其另一种才能来说，他可能属于其他的集团，这并不能改变结果或者影响论点。因为在一种才能中他的损失只是极小地依赖于他个人节制另一种才能的行为。一个人在家里是食人者在外面就被吃掉的事实，不能相互抵消，进而证明他是无害的并且是安全的。］

费地之间的距离不断扩大；随着制造业生产技术过程越来越复杂，从事生产的风险的数量和风险的持续时间都大大多于以前相对小的自给自足的社会。即便是平均了季节波动的农业部门，尽管消费者从许多不同渠道获得供给而减小了风险，但是农业生产者面临的
33 风险还是增加的，因为当农作物的产量低于预期的产量时，他也许不能通过提高价格来获得补偿。这个增加了的风险就是生产者不得不为高度专业化的其他优势、各种市场和各种供给来源所支付的价格。

以适当的成本为解决这种风险提供恰当的工具成为现代经济生活中最重大的问题之一，而这也是迄今为止尚未找到满意的解决办法的问题之一。如果我们能够降低这种风险，或者如果我们能够为单个企业家设计出一种针对这种风险的更好的保险方案，那么保持生产机器的持续运转（因此而避免失业）的事情将变得极其简单化。

大多数风险源自生产到消费这段时间，与全部商品的价格总水平相比照的一种商品的**相对**价值波动。这部分风险与货币价值的意外变化无关，并且肯定有方法解决这部分风险，我们暂且不谈这些方法。但是，还有相当多的风险直接来源于货币价值的不稳定。在漫长的生产过程中，企业界以**货币**形式进行开支——用货币支付工资和其他生产花费——预期以后通过销售商品换回**货币**来补偿这些开支。也就是说，企业界总体上总是处于这样一种地位：价格上涨时获利，价格下降时则蒙受损失。无论它愿意还是不愿意，货币契约制度下的生产技术总是迫使企业界充当大冒险者的角色；如
34 果它不愿意承担这种角色，生产过程必将陷入萧条。即便在企业界内部存在一定程度的职能专业化，其中的专业投机者适当地承担了

生产者的部分风险，从而支持了生产者，但是这一事实并不影响上述观点。

由此看来，不仅当价格变化实际发生时使一些阶层获利而使另一些阶层受损（这是本章第一节的主题），而且对价格下降的普遍恐惧会使整个生产过程受到抑制。因为如果人们预期价格将下降，就不会有足够多的投机者，愿意使自己处于投机的“多头（看涨）”地位。这意味着企业家将不愿意参与漫长的生产过程，因为在这个过程中他要先在货币上支出，尔后才能收回补偿——由此就产生了失业。价格下降这个事实会损害企业家，因此对价格下降的恐惧将促使他们通过缩减经营业务来保护自己；然而，正是各个企业家对风险估计和他们承担风险意愿的加总是生产和就业活动的主要决定因素。

还有使情况更加严重的是，关于物价变化趋势的一种预期，如果相当普遍被认同的话，其结果就有累积作用。如果企业界预期物价将上涨，它们就会按照这种预期采取行动，因此这个事实本身就会引起物价的一时上涨，由于预期得到了证实，它们又会进一步加强这种预期；相反地，如果预期物价将下跌，情形则类似。因此，一个比较微弱的初始推动力就足以产生一个相当大的波动。

在我之前的三代经济学家都已经认识到，确定的影响会引起货币价值累进的持续的变化，不确定的影响将导致货币价值震荡运动，这些不确定影响在其初始阶段以累积的方式发挥作用，而在达到某一点以后形成反作用，引起波动趋势逆转。但是，他们对于这种震荡运动的研究，直到最近，主要还是限于探究这样的问题：形成这种初始推动力的究竟是什么原因？认为初始动因总是相同的，

35 并且它出现的频次遵循天文学规则，这种思想使一些人着迷。而另一些人则坚持认为，形成初始动因的，有时候是一种力量在起作用，有时候是另一种力量在起作用，这种解释貌似更合理。

我极力主张，根治这种个人主义致命疾病的最好方法是挖掉病根，使物价将要下降或者上升的有信心的预期绝对没有存在的可能；或者能够做到这样，即使物价真的发生了变动，也不会出现大的变动，不会产生严重的风险。这就是写作本书的目的之一。如果由于意外的和偶然的原因，物价出现了温和的波动，虽然财富出现了再分配，但是财富不会因物价变动而减少。

想要彻底消除物价初始变动所产生的一切可能的影响，不论这些影响是否完全显露出来，要获得上述结果似乎是无法实现的。比较可行的治疗方案是这样来控制价值标准：不论价值标准方面出现了什么情况，如果放任不管，将产生对物价总水平变化的预期，在这种情况下，管理当局应该采取措施，把那些能够逆转当前变动趋势的因素发动起来，来抵消这种预期。即便这种政策在抵消预期或避免价值实际变动方面没有完全达到目的，也总是比袖手旁观不闻不问的政策要好；如果让价值标准任由偶然性因素支配，并故意把它们说成和中央管理当局无关，就难免会形成使生产陷入萎靡不振或过度兴奋状态的预期。

因此，我们看到，物价上升和下降各有其特有的不利影响。造成物价上涨的通货膨胀对个人和各个阶层，尤其是对投资者造成不公正，从而对储蓄不利。造成物价下跌的通货紧缩会导致劳动者和企业贫困，由于通货紧缩导致企业家限制生产以便减少损失；由此

又对就业造成灾难性的后果。当然，通货膨胀和通货紧缩的影响并 36
不完全是各自对应的——例如，通货紧缩同样会对借款人造成不公正的后果，通货膨胀则会过度刺激生产活动。但是这些后果并不像上面我所强调的那样严重，因为借款人为了避免通货紧缩的最坏影响而保护自己的利益比贷款人为了避免通货膨胀的最坏影响而保护自己的利益，处于比较有利的地位；而且劳动者在经济形势好、资源利用过度的时候保护自己的利益比在经济形势差、就业不足的时候保护自己的利益，处于比较有利的地位。

由此可知，通货膨胀是不公正的，通货紧缩是不合时宜的。两者相比，如果我们把严重恶化的通货膨胀（例如德国的通货膨胀）排除在外，那么通货紧缩导致的后果可能更坏；因为在一个日益贫困的世界里，引起劳动者失业增加要比引起**食利者**失望更加糟糕。但是我们没有必要权衡比较这两种不幸的轻重。需要尽力避免这两种不幸，这是大家比较容易得出的一致意见。今日的以个人主义为基础的资本主义，正因为它将储蓄委托给个人投资者，将生产委托给个体雇主，所以**就必须有**一个稳定的价值尺度，如果没有这样一个价值尺度，资本主义是不可能有效率的——或许是不可能存在的。

基于上述这些严重的原因，我们必须摆脱这样一种根深蒂固的偏见：价值标准的监管不是一个可以由人们审慎决策的问题。一些人认为，价值标准有其自己的特征，这些特征在不同程度上是由天气、人口出生率或制度结构赋予的——即这些特征是一些天然原因塑造的，或者是许多个体独立行动的结果，或者需要通过革命来改变这些特征；我们绝不能再容忍这种观点，绝不能再把价值标准问题放在这种思维框架内来讨论。

37 # 第二章　财政与货币价值的变化

第一节　作为征税手段的通货膨胀[1]

通过印钞票，政府往往能够长期生存下去[2]，甚至连德国政府或俄国政府都是如此。也就是说，政府通过这种手段能够确保对实际资源的控制[3]，对那些与通过征税所获得的东西一样的真实资源的控制。这种手段虽然遭到了谴责[4]，但在一定程度上我们必须承认它的[5]有效性。如果一个政府无他计可施，它还能依赖这种手段生存下去。这种形式的税收，于公众而言在劫难逃[6]，于[7]哪怕是最羸弱的政府而言，都是在没有其他选择的时候能够轻易实施的一种手段。中欧和东欧出现的渐进式、灾难性的通货膨胀就具有这种特性[8]，它不同于我们在前面章节里考察过的英国和美国所经历的那

---

① 除做出说明外，本节内容与本人 1922 年 7 月 27 日同一标题下的文章内容一致。

② 本书用“存活很久”代替了原文中的“维持开支”。

③ 本书用介词 over 代替了原文中介词 of，意在强调掌控的程度。

④ 本书用“谴责”代替了原文中的“非难”。

⑤ 本句话剩下的词句代替了原文中的“它的效率无可非议”。

⑥ 此句前面的字句代替了原文中“这是一种人们发现很难逃避的税收”。

⑦ 原文在此处用到的是一个由 which 引导的非限定性定语从句。

⑧ 本句和下一句话是本书新加的。

种可控的、波动式的通货膨胀[①]。

货币数量论认为[②]，假定工商业和银行业的某种习惯得以确定， 38
并假设财富水平和分配状况给定，那么社会[③]所需要的现金数量就由物价水平决定。如果实际物品[④]的消费和生产保持不变，但是物价和工资增长了一倍，那么交易所需的现金就是以前的两倍。对这个论断[⑤]可做适当地解释和定性分析，但否定其真实性是愚蠢的。这种理论是基于如下[⑥]的推理：假定人们的习惯和财富不变，不管流通中的货币数量是多少，流通中所有纸币的实际价值总量基本上是保持不变的，也就是说[⑦]，社会以现金形式保有的对实际财富数量的要求权是基本固定的，或者也可以说，流通中的货币总量有着相对固定的购买力[⑧]。

假设有 900 万张纸币，总价值相当于 3600 万金美元（gold dollars）[⑨]。假设政府又印了 300 万张纸币，所以现在一共有 1200 万张纸币；那么根据上述理论，这 1200 万张纸币仍然相当于 3600 万

① 原文中此处原本是这样一段话："如果我们将黄金作为'实际资源'的代表——尽管以商品衡量的黄金价值本身是波动的，那么本文的讨论就可以简化。因此，我在本文中将以黄金衡量的货币价值作为对'实际资源'意义上的货币价值的一个粗略度量。"

② 本句前面的词句代替了原文中的"由于"。

③ 本书用"社会"代替了原文中的"人们"。

④ 本书用定冠词 the 代替了原文中"他们的"。

⑤ 在这句之前，原文中出现过"这就是粗略的货币数量论"这句话。

⑥ 本书中"基于如下的推理"代替了原文中的"表明"。

⑦ 本句余下的内容代替了原文的以下字句："社会中以现金形式保有的对实际资源的掌控大致是不变的，因此流通中的货币总量有着大致固定的购买力。"

⑧ 也可参看第三章第一节。

⑨ 如忽视以商品衡量的黄金价值本身是波动的这一事实，把以黄金衡量的货币价值看作是对"实际资源"意义上的货币价值的一个粗略度量，就可以简化讨论。

美元。因此在第一种情况下，每张纸币的价值为 4 美元，而在第二种情况下，每张纸币的价值为 3 美元。结果是公众原来持有的 900 万张纸币现在的价值变为 2700 万美元而不是 3600 万美元，政府新
39 发行的 300 万张纸币的价值变为 900 万美元。通过印刷更多的纸币，政府因此把相当于 900 万美元的资源从公众手里转移到自己手里，这和用征税的方式筹集到这笔钱一样成功。

这项税收落到谁的头上了呢？显然是落在了持有最初 900 万张纸币的那些人的头上，他们的纸币现在的价值比之前减少了 25%。通货膨胀意味着对所有纸币的持有者按照他们的持有量征收了一项 25% 的税。这项税收覆盖广泛，无法逃避，不费政府一分一毫，而且大致与受害者的财富成比例。仅仅是这些表面上的优势就足以吸引各国财政部长的眼球。

暂时看来，这项税收的收益对于政府来说甚至比上面的测算还要好一些。因为新的纸币的价值起先[①]能冒充和原来一样，就好像总共还只有 900 万张纸币一样。只有当新的纸币进入流通并且人们开始使用它们之后，他们才意识到这些纸币的价值较以前减少了。

有什么办法能够阻止政府一遍又一遍重复这个过程呢？读者一定注意到，这笔纸币的总价值仍然是 3600 万美元。因此，如果政府现在又多印 400 万张纸币的话，将总共有 1600 万张纸币，同样的方法可以得出，现在每张纸币价值 2.25 美元而不是 3 美元，从而通过发行这 400 万张纸币，政府从公众手里又转移了一笔相当于 900 万美元的资源。纸币的持有者再一次遭受了和他们持有量成比

① 本句前面的字句取代了原文中“因为起先可以将一部分新券的价值”的字句。

例的25%的税收。

和其他形式的税收一样，如果做得过分并且和社会财富不相称，那么这种强索行为必定降低其繁荣程度和生活标准，所以在较低的生活水平上，货币的总价值可能下降但仍能维持。但是这一效 40
应并不会[①]对通过通货膨胀来征税的效应产生太多干扰。即使[②]货币的实际价值总量因为这些原因下降到以前的一半或者三分之二（这表示生活水平的显著下降），这也仅仅意味着政府为实现某一既定结果而发行的纸币数量必定成比例地提高。通过这种手段政府依然能够确保自己获得社会可利用剩余的一大部分。

难道公众[③]就没有补救的办法，以保护自己免受精心设计的掠夺的伤害吗？办法只有一个——改变其使用货币的习惯。我们的讨论一开始就建立在社会不改变其使用货币的习惯的假设之上[④]。

经验表明，公众通常很慢地才能把握形势并找到补救的办法。的确，起初他们可能朝着错误的方向改变习惯[⑤]，这实际上反而更有利于[⑥]政府的操作。公众早已习惯[⑦]把货币作为最终标准，因此

① 本句前面的字句取代了原文中“即便如此也不会”的字句。

② 原文中此处已出现“由于以上这些原因”的字句，本文则出现在句子靠后的位置。

③ 原文中此处的行文如下，“因此从公众的角度来看，他们所处的境况是相当令人绝望的。他们”。从“他们”到“它”的转变让本文后面的行文中出现了几处与原文不同的语法改变。

④ 本处的这句话取代了原文中：“我们的讨论建立在如下的初始假设上，即社会使用货币的习惯保持不变。”

⑤ 原文此处是如此行文的，“的确，一开始这种习惯的改变有可能是朝着错误的方向”。

⑥ 本处用“这实际上反而有利于”取代了原文“并且这可能实际上有利于”的字句。

⑦ 此处用一个更加贴切的词（much accustomed）代替了原文中的一个词（habituated）。

当物价开始上涨时，他们相信上涨肯定是暂时的[①]，所以倾向于储藏货币推迟购买，其结果就是他们以货币形式持有比以前更大的实
41 际价值总量。类似地，当货币的实际价值下降以汇率表现出来时，认为这种下降是反常的和暂时的外国人就会购买货币用于储藏。

不过第二个阶段迟早会到来。公众发现[②]正是纸币的持有者遭受了税收损失并为政府的支出买单，他们开始改变习惯并减少持有纸币。可供选择的办法有以下几种：(1)他们可以把钱花费在耐用品、珠宝或者家庭用品上，而不是以纸币的形式保有他们的部分最终储备；(2)他们可以减少所持有的零用钱的数量[③]以及持有的平均时长[④]，尽管这要以个人的极大不便利为代价[⑤]；(3)[⑥]他们可以在很多交易中使用外国货币——在这些交易中使用外国货币要比使用他们本国货币更加自然和方便。

采用这些办法，他们能够用跟以前相比实际价值总量要小得

① 此处比原文多加了“他们倾向于”的字句。

② 原文中此处有“实际上”一词。

③ 此处的后半句话（逗号前脚注数字后的一句话）是新加的内容。

④ [在莫斯科，除了必要时尽可能以最短的时间持有外，人们不愿持有纸币的想法极其强烈。如果一位杂货店主卖出了一磅奶酪，他会拿着卢布以最快的速度跑到中央市场上换成新的奶酪库存，以免这些卢布在他到达市场前损失其价值；从而证实了经济学家命名为“流通速度”的现象！在维也纳，在濒临崩溃的时期，大街小巷上雨后春笋般冒出了许多外汇银行，在那里你可以在几分钟的时间里将你的克朗换成苏黎世瑞士法郎，从而避免在你将这些钱拿到你常去的银行的时间内克朗遭受损失的风险。有一句应景的俏皮话这么说的，咖啡店里一位精明的顾客在叫一杯啤酒时应该与此同时再叫一杯，即使喝起来很鸡肋，也好过价格上涨了买不了这第二杯。]这一脚注最开始是作为原文后面的一个段落出现的。

⑤ 本处用一个更加贴切的词(cost)取代了原文中的一个同义词(expense)。

⑥ 原文中此时出现了短语“最后”。

多[1]的纸币来开展经营业务。例如，流通中的纸币价值变成2000万美元而不是3600万美元了，其结果就是由于通货膨胀税落在代表更小的实际价值总量的纸币上，政府为获得既定数目的收益，必定要对其征收更高的税率。

当[2]公众在改变习惯之前就提高警觉时，为了努力避免损失， 42
他们将以货币形式持有的实际资源的数量减少到维持运转的最小数量以下，并试图通过借款来满足对现金的日常需要，这样做使得他们遭到巨大的货币利率的惩罚，就像1923年德国发生恶性通货膨胀时那样。正如我们在前面章节所看到的，利率会一直上升，直到货币的利率等于或者超过货币的预期贬值速度。事实上，当货币迅速贬值的时候，很可能一再出现货币稀缺的情形，因为怀着不希望持有太多货币的想法，公众将不能提供给自己维持实际生活所需要的最小数量货币。

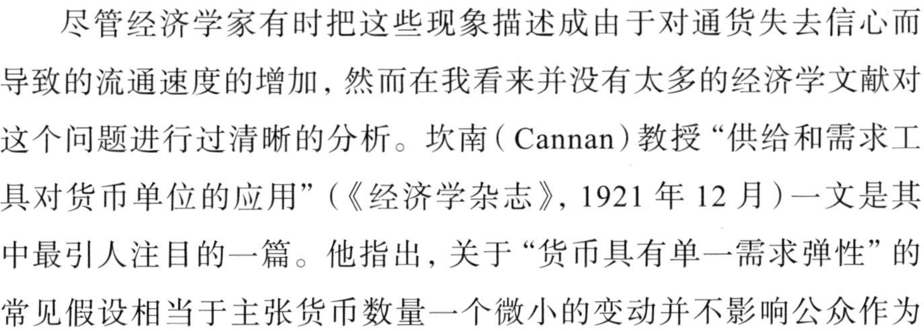

尽管经济学家有时把这些现象描述成由于对通货失去信心而导致的流通速度的增加，然而在我看来并没有太多的经济学文献对这个问题进行过清晰的分析。坎南(Cannan)教授“供给和需求工具对货币单位的应用”(《经济学杂志》，1921年12月)一文是其中最引人注目的一篇。他指出，关于“货币具有单一需求弹性”的常见假设相当于主张货币数量一个微小的变动并不影响公众作为

① 原文中没有出现程度副词(substantially)。

② 从此处开始，原文与本书在行文上开始大相径庭。原文以一段的篇幅简要介绍了有关流通速度的观点，然后开始讨论1922年德国、奥地利和俄国的具体情形。而本书继续更为详尽地讨论流通速度并考察三个相同事件背景下的国家的实践经验。原文和本书都以53页(英文原稿第53页，译者注)上的四句话做结。原文此处的行文参见附录一。

购买力持有者的意愿和习惯。但在极端情况下，这一假设是不成立的；因为如果它成立，政府通过通货膨胀从公众那里攫取的财富量将会无穷无尽。因此，货币具有单一需求弹性的假设是不可靠的。
43 随后，莱费尔特（Lehfeldt）教授1922年12月发表在《经济学杂志》上的文章做出了更深入的研究，他计算了近些年的实际货币需求弹性。他发现，在1920年7月和1922年4月期间，货币需求弹性在奥地利下降到平均0.73，波兰0.67，德国0.5。因此在通货膨胀的最后阶段，流通速度的巨幅飙升可能和增加纸币数量的做法在提高价格和贬值汇率方面所起的作用一样大，甚至更大。货币发行当局经常公开斥责纸币价值的下降幅度*超过了*它们数量的增加幅度，认为这一事实是不公正和反常的。然而事实并非如此；这仅仅是公众运用某种办法逃避压在他们身上的千钧重负的结果，他们比金融家们更早地察觉到，他们可以逃离货币需求单位弹性定律。

然而，只要公众照样使用货币，政府就显然能继续通过通货膨胀筹集资源。更重要的是，日常生活中使用货币是如此方便，因此只要它不上涨到受抵制的程度，公众就打算支付通货膨胀税而不是放弃它。尽管由于种种原因，这一特殊税收形式非常不合时宜，但就像生活中其他可得的便利性一样，使用货币也是可以征税的。即使公众普遍预见到这种变化，政府还是能够通过*持续*的通货膨胀操作获得资源，只要他们希望筹集的数额不是太大。就像使用道路时征收通行费，商业交易时征收营业税，使用货币时征税也是同样的道理。通行费越高，公路上的车辆就越少；营业税越高，达成的交易就越少，所需的货币也越少。但是某些道路是一定要通行的，某些生意如此有利可图，某些场合货币支付如此便捷，因此只有当征收非常高的税费时才能完全阻止所有的交通、生意和货币支付的发生。但是，政府必须明白，一项税收即便没有达到被抑制的程度，也不见得是有利可图的，因此适度的征税将产生最大的收益。

假设通货膨胀以使货币的价值每年下降一半的速度进行，假设 44
公众在商店里买东西所使用的现金一年周转 100 次（也就是平均在一个人的口袋里滞留半周）；那么这相当于对每次交易征收 0.5% 的周转税。比起实物交换所产生的麻烦，公众将很乐意支付这样的税款。即使货币价值每个月下降一半，通过持有很少的零用钱以至于平均每天周转一次而不是每周周转两次，公众仍可以把税率控制在相当于每次交易低于 2% 的水平，更精确地说是对 1 英镑征收 4 便士的税。即便这样，可怕的贬值速度也不足以抵消在日常琐碎的交易中使用货币而非实物交换所带来的优势。这就解释了为什么政府的纸币在许多零售交易中仍然保持流通（甚至在德国和俄国也是如此）。

不过，由于投放到现代社会的货币具有某些其他目的，通货膨胀税在很早的阶段就达到受抑制的水平。例如，人们一旦预期到货币将进一步贬值，作为价值贮藏工具的货币就会迅速被人们抛弃。对于作为合同和资产负债表计价单位的货币，它迅速变得毫无用处，尽管通货作为清偿债务法定货币的特权阻碍了它一开始就被抛弃。

在最后阶段，除了需要现款支付的情形外，人们不会出于其他目的而使用法定货币。通货膨胀税最终打败了自己。因为在那种情况下，通货发行的总价值（足以满足公众的最小需求）只是一个相对很小的数字，所以政府期望通过进一步的通货膨胀（尚未达到连琐碎日常零用钱都被抛弃的程度）筹集到的资源的数量也相对

45 很小。最终，除非采用某种适度措施，否则政府攫取财富的有效工具就会毁在使用者的手里，同时让其财政制度陷入完全崩溃的境地——在国民经济生活的盛衰中可能因此再次出现一个革新的和极好的制度。莫斯科的切尔文（chervonetz）① 和维也纳的克朗已经成为比法郎和里拉更稳定的货币单位。

所有这些情况都可以从德国、奥地利和俄国近年来的经历中得到阐释。下面的表 2.1 表明了这些国家不同时期通货发行的黄金价值。

表 2.1　若干国家通货发行量的黄金价值

德国	纸币马克的发行量（10 亿纸马克）	1 单位金马克 = 纸马克的数量	纸马克的价值（10 亿金马克）
1920 年 12 月	81	17	4.8
1921 年 12 月	122	46	2.7
1922 年 3 月	140	65	2.2
1922 年 6 月	180	90	2.0
1922 年 9 月	331	349	0.9
1922 年 12 月	1293	1778	0.7
1923 年 2 月	2266	11200	0.2
1923 年 3 月	4956	4950	1.0
1923 年 6 月	17000	45000	0.4
1923 年 8 月	116000	1000000	0.116

① 切尔文是1922年10月俄罗斯共和国国家银行发行的银行券(纸币)。当时规定，每个切尔文含金量为 7.742 克，由 25% 的黄金和 75% 的商品保证，含金量与沙俄金卢布相同。切尔文可以用于外汇贸易结算。1924 年 2 月苏联发行新卢布，规定新币 1 卢布兑换旧币 5 万卢布，1 切尔文银行券兑换新币 10 卢布，由此确立切尔文银行券为政府纸币并由中央银行发行，辅币由财政部发行的统一的货币制度。1947 年苏联实行币制改革，废除切尔文银行券，保留辅币，发行新的卢布纸币。——译者

奥地利	纸币克朗的发行量（10亿纸克朗）	1单位金克朗=纸克朗的数量	纸克朗的价值（10亿金克朗）
1920年6月	17	27	620
1920年12月	30	70	430
1921年12月	174	533	326
1922年3月	304	1328	229
1922年6月	550	2911	189
1922年9月	2278	14473	157
1922年12月	4080	14473	282
1923年3月	4238	14363	295
1923年8月	5557	14369	387

46

俄国	纸币卢布的发行量（10亿纸卢布）	1单位金卢布=纸卢布[a]的数量	纸卢布的价值（10亿金卢布）
1919年1月	61	103	592
1920年1月	225	1670	134
1921年1月	1169	26000	45
1922年1月	17539	172000	102[b]
1922年3月	48535	1060000	46
1922年5月	145635	3800000	38[c]
1922年7月	320497	4102000	78
1922年10月	815486	6964000	117
1923年1月	2138711	15790000	135
1923年6月	8050000	97690000	82[d]

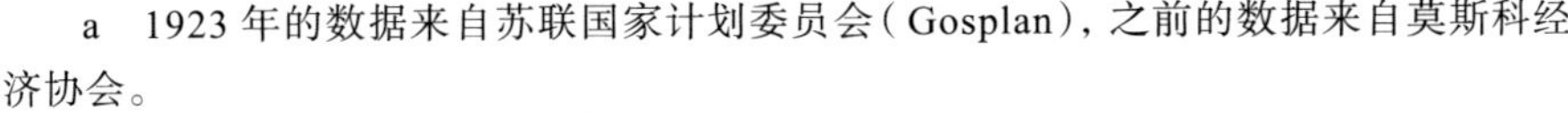

a　1923年的数据来自苏联国家计划委员会（Gosplan），之前的数据来自莫斯科经济协会。

b　价值的上升源于新经济政策恢复了在国家交易中重新使用货币。

c　达到最低值。

d　价值的下降可能由于引入了切尔文。

每一阶段的特征都清晰地展现出来了。从表2.1可以看出，首先，在崩溃阶段，货币价值跌落的速度迅速超过了纸币数量膨胀的速度。在德国马克崩溃之初的 1920 年 12 月，其贬值的速度一度大约是纸币膨胀速度的两倍，最终到 1923 年 6 月，当通货发行数量比 1920 年 12 月增长了 200 倍的时候，纸币马克的价值变成 1920 年 12 月的 1/2500。上面给出的奥地利的数据开始于晚一些的崩溃阶段。不过，如果我们把 1920 年 6 月的奥地利和 1920 年 12 月的德国等同起来，那么从 1920 年 6 月到 1922 年 9 月期间事件的进展大致可以和从 1920 年 12 月到 1923 年 5 月期间德国发生的事件进行比较。俄国从 1919 年 1 月到 1923 年年初期间的数据大致显示出同样的特征。

表 2.1 截取了大幅度的贬值已经开始，并且货币总发行量的黄金价值已经下降到严重低于通常水平[①]时的数据。然而，最早的数据记录的仍然属于人们普遍预期最终经济会恢复并且公众根本没

47 有意识到他们要遭受什么损失的时期。表 2.1 表明，随着后来形势的发展，除了零售交易外，人们不再使用货币，通货发行的总价值下降了大约 4/5。人们极度恐慌或经济萧条有可能引发币值的进一步下降；但是，除非货币被完全抛弃，否则最终还是会达到一个最小值，从这个最小值开始，最不利的情形将导致快速复苏。

1923 年 2 月德国经济崩溃之后暂时性的复苏表明，如果货币还能继续使用，当经济触底并且有可能带来复苏的技术条件得以创造出来时，一个时机是如何到来的。当货币的黄金价值已经降到很低时，假若存在外部资源，对于政府来说就很容易给予足够的支持

① ［德国战前的货币大约为 60 亿黄金马克（3 亿英镑）。］

来防止汇率继续下跌。因为到那时，公众尽量减少货币使用的想法
已经给他们造成诸多的不便从而不能继续下去，此时哪怕他们对未
来货币价值的不信任程度稍稍有些缓和，都将导致人们使用货币数
量的增长；这样货币发行的总价值将趋于恢复。到 1923 年 2 月时，
德国在很大程度上都具备这些条件。在极为不利的政治条件下，德
国政府能够在两个月时间内使马克的交换价值翻一番，同时使纸币
流通上涨一倍以上。即便如此，货币发行的黄金价值仅仅恢复到六
个月前的水平；要是信心能够得到一个适度的恢复的话，德国流通
货币的价值回升到至少 20 亿黄金马克（1 亿英镑）是有可能的，这
可能是它长久来看能承受的最低数量，除非每个人为了努力减少货
币持有量，都愿意把自己推向无法忍受的不便中。在复苏期间，政 48
府恰好能够通过发行货币再一次掌控相当数量的实际资源。

在写作本书的时候，奥地利的汇率已经稳定了一年，随着信心的增长，同样的现象变得很明显，货币发行的黄金价值已经上涨到接近 1922 年 9 月最低点的 2.5 倍。在外部的援助下，企稳的事实使得货币发行增长成为可能同时又不危害稳定，并且随着时间的推移将可能带来进一步的增长。

甚至在俄国似乎都达到了一种均衡。它的最后阶段出现在 1922 年年中，当时 6 个月内 10 倍的通货膨胀[①]使得货币发行的总价值下降到 400 万英镑以下，很显然这不够维持俄国的商业交易，甚至在当前情况下都不够。当人们完全抛弃纸币卢布时，这样的一

① [各地近来的经验似乎表明，在完全不影响零售交易中货币使用的情况下是有可能出现每三个月通胀 100% 的，但超过此通胀率就会带来灾难性的后果。]

个时机就到了。大致在那个时期，我恰巧有机会在热那亚同苏联的一些金融学家进行探讨。他们在货币政策上总是比其他人更有自知之明，也更小心谨慎。他们坚持认为，那时通过诉诸在某些交易类型中强制运用纸币卢布，这些流通中的卢布将保持一定的最低实际价值，无论公众多么肯定它们，最终将是毫无价值的。这样算来，总是可以通过这种办法把每年的300万英镑提高到400万英镑，尽管纸币卢布的价值通常以每年10倍或者100倍的速度下降（为方便计算每年从货币单位中拿掉一个或更多的零）。事实上，在随后几年他们比这做得更好，并且通过每3个月把通货膨胀的速度
49 降低到不超过100%，他们能够使货币发行的总价值上升到超过最低点时的两倍。一年间（1922年4月到1923年4月），通过这种方法政府筹集到大约1500万英镑用于政府的支出，代价仅仅是从全年的货币单位中划掉一个零[①]！与此同时，为了提供可靠的价值储藏手段以及为对外贸易提供基础，苏联政府在1922年12月引进了一个新的货币单位切尔文或金达克特[②]（gold ducat）和纸币卢布一起使用，它们在英镑汇兑本位基础上可以自由兑换，而作为税收工具的纸币仍旧是不可或缺的。迄今为止，这种新的货币一直保持着

① ［苏联政府总是把货币膨胀看作是一种税收的工具，并且自己计算出通过这种手段在过去获得的购买力，大致如下（百万黄金卢布）：

1918	525
1919	380
1920	186
1921	143
1922（1月到3月）	58

总计1.3亿英镑。］

② 曾在欧洲许多国家通用的金币。——译者注

较好的声誉。到1923年8月，它的流通已经增加到接近1600万卢布，价值约1600万英镑，而且它的交换价值保持稳定，国家银行以平价将切尔文兑换成英镑[①]。因此到1923年年中，俄国货币发行的总价值（好的和坏的货币加在一起）已经上升到2500万英镑，同1922年5月热那亚会议召开时的仅仅400万英镑比较起来还是很可观的，从而显示出信心的恢复和货币制度的重新启用。俄国在为数额巨大的交易和小额的日常零用提供一种健全的货币方面给出了一个有益的例证（至少目前如此），在那些交易中货币的逐渐贬值不过代表一个可忍耐的周转税。

1923年8月库诺（Cuno）政府垮台主要归因于德国货币的崩溃， 50
而这次货币崩溃的主要原因不是多年以来一直存在的通货膨胀的税收效应，而是把通货膨胀率提高到一个几乎不能进行日常交易的水平，并且严重破坏了法币作为计量单位的作用。我们已在前文中说明，影响日常零售交易中货币使用的是货币的贬值速度，而不是与之前相比贬值的绝对数量。

在1922年年中[②]，我做了一个粗略的估算，通过印刷货币，德国政府已经在过去一段时间获得每年7500万至1亿英镑的收入。然而，在那时，这些收入中的很大一部分是由外国投机者购买马克贡献的。德国公众自身以这种形式的税收大约支付了5000万英镑。

---

① ［到目前为止，切尔文一般都是溢价出售，汇率是：
1923年3月15日　1切尔文=1.07英镑
1923年4月17日　1切尔文=1.05英镑
1923年6月15日　1切尔文=0.94英镑
1923年7月27日　1切尔文=1.05英镑］

② 在原文中，本章是以这个时间为基础的。

因为德国发行的货币到1920年12月(见表2.1)其价值仍然达到2.4亿英镑，在1922年中期也没跌破1亿英镑，上述的贬值速度虽然足以对马克作为价值储藏或者计价单位的作用造成严重损害，但绝不会达到破坏其在日常生活中的运用的地步。然而在1922年下半年，公众学会了更节约地使用马克，从而使货币总发行量的价值减少到6000万英镑。正如我们在前文所看到的，鲁尔地区被占领的第一个后果就是使货币发行降低到公众调整习惯所需要的最小值之下，这导致了1923年3月短暂的复苏。然而到1923年中期公众能够很好地利用价值2000万英镑的货币发行。这段时间内德国政府一直继续通过印刷货币筹集资源，大约每周100万英镑——这意
51 味着如果公众不能进一步降低货币发行的总价值，则贬值速度是每周5%；但如果考虑到他们进一步减少马克的使用量，则实际贬值的速度大约为每周10%。

不过到1923年6月，鲁尔地区抵抗的开支，以及和其他税收资源的彻底崩溃叠加在一起，导致了政府通过印刷货币先是每周征收相当于200万英镑随后是每周300万英镑的税。对于那时总价值已经缩水到2000万英镑左右的货币发行量来说，这无疑是把通货膨胀税推向了荒谬绝伦和自取灭亡的境地。由完全抵制使用马克的运动而导致的社会解体很快引起了库诺政府的垮台[①]。在库诺

① 有必要承认，库诺没能扭转财政部和德国国家银行的无能局面造成了这一切的发生。在这灾难性的时期，那些应为德国金融政策负责的人没有做一件明智的事，或者对正在发生的一切表现出一点察觉。印钞票的利润甚至都没有被政府垄断，赫尔·哈芬施泰因(Herr Havenstein)通过以远低于贬值利率的贴现率在中央银行贴现债券，从而继续允许德国银行分享利润。仅在1923年8月底，中央银行开始要求借款者应该补偿由已借出的马克贬值造成的一部分损失。

统治的最后时期，当政府一周内就让货币发行数量增加一倍并从当时总价值 400 万英镑的货币发行中强制征集 300 万英镑时——这让哪怕最疯狂的俄国也望尘莫及，好戏就开始上演了。

到本书出版时，库诺的继任者们也许已经解决了直面他们的问题，也可能没有。无论结果是什么，第一步似乎是重新建立有效的计价单位。这是德国的财政从目前的恶性循环中逃脱出来的必要条件。在缺少其他收入来源的情况下，政府无法引进一种健全的货币，因为印刷一种不健全的货币是它得以生存的唯一手段。但是一
种有效的计价单位是聚敛正常收入资源的先决条件。因此，最好的 52
方式莫过于暂时把增发的不健全货币作为收入来源，但与此同时马上引入一种稳定的货币计量单位（和不健全货币的关系可以按照每天或每周来进行官方固定）作为恢复正常收入来源的先决条件。

因此，最近的德国财政史可以概括如下：当外国投机者还在购买纸币马克时，通货膨胀税在最初的阶段作为国库收入来源还是相当有效的。但是随着时间的推移，通货膨胀税使得马克作为有效计价单位的功能逐渐丧失，其后果之一就是使得其他绝大多数财政收入来源枯竭——因为税在征收上来之前总是要在一定时间间隔内对其价值进行评估的。其他收入渠道的枯竭使得财政部越来越依赖通货膨胀，直到最终法定货币遭到公众的抛弃，甚至连通货膨胀税都不再有效，政府就落入了破产的境地。到了这个阶段，正如 18 个月前在俄国发生的一样，德国的财政制度遭到如此彻底的破坏，其经济和社会组织经受着如此严重的混乱，以致设计出过渡时期能够让政府存活下去，与此同时又能重新创造出正常收入渠道的方法和手段，成为一个颇为棘手的问题，当时的德国还与法国交恶，所

以其境况真可谓雪上加霜。然而问题并不是不能解决，很多措施都可以实行，但无疑只有假以时日才能找到最终的解决办法。

人们常说，当政府通过通货膨胀得以维系时，这个国家的人民好像免于缴税。我们已经看到，事实并非如此。政府通过印钞票所筹集的收入与其对大众征收啤酒税或所得税的所得毫无二致。政
53 府花的钱正是大众掏的钱。本当就没有不能弥补的赤字。但在有些国家，政府至少可以在一段时间内通过给予民众饱含感激的水印纸币来取悦他们，以此作为对他们所交税费的回报。在英国，我们把税收稽查官签发的所得税收据扔进废纸篓；在德国，公众把它叫做银行券并放进口袋；在法国，这被叫做租金并锁在家里的保险柜中。

第二节　货币贬值与资本税

在上一节，我们已经看到政府是如何利用货币的通货膨胀来确保收支平衡的。但是通货膨胀帮助政府收支平衡还有另外一种方式，即让之前就存在的固定数额的政府债务贬值。这些债务主要由内债组成。每一次贬值显然就意味着公债持有者对政府实际求偿额的减少。

要是认为政府（除了俄国政府）为了得到上面的好处而故意贬值，就太过武断了。通常，政府都是或者认为自己是出于种种必要性才这样做的。财政部为了应对突发的意外支出——备战或是战败赔款——而极有可能制造暂时的通货膨胀，这是一种情形。但是**持久性贬值**，即**法定贬值**（devaluation）或者因为紧急事件通过政

策将货币价值持久固定在一个较低水平上，其最强有力的理由莫过于将货币恢复到之前的价值将使得国家债务的年度固定支付额上升到一个无以为继的水平。

然而，只要法定贬值的反对者做好及时应对它的准备（他们通常都不是如此），在这类情形下也有法定贬值的替代办法，这就是 54
资本税。本节的意图在于说明，当国家以货币计算的合同债务达到了国民收入的一个过高比例时，适度减少公债持有人求偿价值的两种办法具有各自的特点。

从古至今，没有哪个社会的生产者和劳动者同意将超出其劳动成果一定比例的部分交付给食利者或债券持有者。当堆积如山的债务超出可承受的比例时，有两三种办法可以采用。首先是政府不认账。但是，除非发生了政变，否则直接不认账太过刻意和明显了。受害人很快就会意识到并且进行抗议；所以在不发生政变的情况下，西欧国家目前不会采用这种办法来消除内部债务。

第二个办法是货币贬值，在经由法律确认和固定之后它就变为法定贬值。在近来卷入战争的欧洲国家，采用这种权宜之计已经使债务的实际负担缩水 50% 到 100%。在德国，国家债务通过这种方式几乎得以完全消除，债券持有人毫无所得。在法国，实际债务负担变得比法郎坚挺时的三分之一还要少；而意大利的实际债务负担只有原来的四分之一。经验表明，小额储蓄的所有者悄然蒙受这些巨大掠夺所带来的损失，他们本应该推翻这个以更加隐秘但更为公正的手段从他们手中拿走很大一部分财富的政府的。

然而，债务缩水的事实并不能成为这种手段值得称颂的理由。法定贬值的副作用很多。它并不是在全部的财富所有者阶层中按

照一定尺度平分债务负担的，而是把所有包袱都甩给了固定收益债券的持有人，豁免了实业资本家，甚至使他们变得更加富有，对小
55 额储蓄和大笔财富造成了同等的伤害。它遵循的原则是招致最少的反抗，避免对个体负责。换言之，这是当国家畏缩不前时悄然而至的自然的补救方法。

剩下的这种科学的、作为权宜之计的资本税并没有在大范围内加以运用，并很可能永远也不会。它是一种理性的、审慎的方法。但是这很难加以解释，而且它因与“有钱不慌”这种根深蒂固的直觉相冲突而容易招致极大的偏见。就像除非征得病人的理解和同意，否则手术不可能进行一样。

只要货币贬值能起作用，我本不应该寻求不明智的，甚至有可能是不切实际的资本税的帮助的。但是如果债券持有人的求偿额显然超出了纳税人的支付能力，而且如果依然有时间在继续贬值和征收资本税之间进行选择，那么无论从切合时宜还是从公平公正的角度来看，征收资本税必然是最优的选择。与征收资本税相比，让货币贬值的方法遭到了压倒性的反对，因为它把包袱完全甩给了以法定货币计价的债务持有人，而他们通常是更不富裕的资本家。它完全不遵循一定的标准，对大额和小额储蓄人造成了同样严重的损害，却给了实业资本家很多的好处，理由如第一章所述。不幸的是，最容易受货币贬值损害的小额储蓄者，恰好也正是会强烈反对资本税的那种保守人士；而另一方面，实业资本家显然更喜欢贬值，因为这不会对他们造成很大的伤害，而且实际上还很可能会让他们变得更加富有。正是在这两股力量的作用下，一个国家通常选择的是不公平和带来灾难性后果的货币贬值，而不是科学审慎的资本税。

当前社会上有一个备受尊敬且颇具影响力的团体给出了这样 56
一种意见，它拒绝采用货币贬值或征收资本税这两种权宜之计当中的任何一种，并对其进行了猛烈的抨击，认为它们破坏了契约的神圣不可侵犯性，或者说是侵犯了既得利益——因为从这两个角度出发，贬值或者是税收都是不合法的，和这两点是背道而驰的。不过，由于这些人忽视了所有社会原则中最为重要的一点，即个人拒不履行契约的权力和国家控制既得利益的权力之间的根本区别，所以他们正是其想要维护的立场的最大敌人。除非国家有一个相机行事的机构来重新修订已经变得无法忍受的条款，否则没有什么能够维护个人之间契约的完整性。利益的连续性具有太过强大的力量。如果既得利益毫无限制地在数代人中连续累加，那么半数人口相对于另一半人口而言就是奴隶。也不能因为在战争时期政府借钱要比收税容易的事实就让纳税人持久性地变成债券持有人。那些在这些事情上坚持认为政府刚好与个人具有一致立场的人，会使得个人主义社会的持续成为不可能，因为个人主义社会的存在依赖于自我节制。

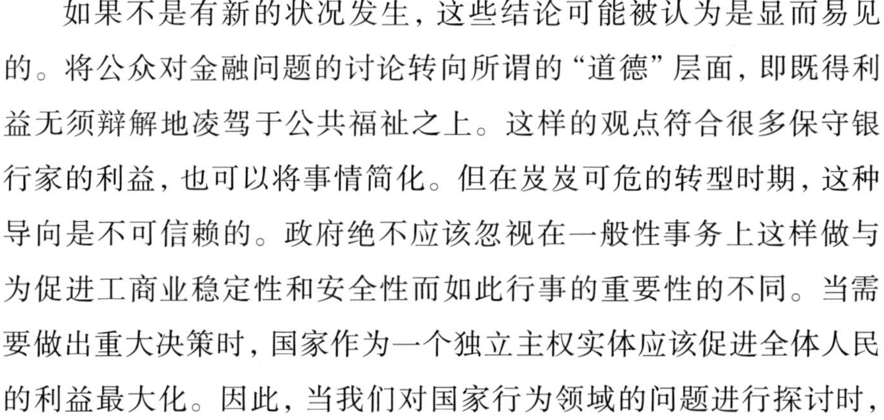

如果不是有新的状况发生，这些结论可能被认为是显而易见的。将公众对金融问题的讨论转向所谓的“道德”层面，即既得利益无须辩解地凌驾于公共福祉之上。这样的观点符合很多保守银行家的利益，也可以将事情简化。但在岌岌可危的转型时期，这种导向是不可信赖的。政府绝不应该忽视在一般性事务上这样做与为促进工商业稳定性和安全性而如此行事的重要性的不同。当需要做出重大决策时，国家作为一个独立主权实体应该促进全体人民
的利益最大化。因此，当我们对国家行为领域的问题进行探讨时， 57

考虑要周全，利弊要权衡。从古至今，遗产税、所得税、地租、许可证、赌博法、国教、封建权力以及奴隶制等的改变都遭到了绝对契约论者的指责，而他们正是革命的始作俑者。

在我们自己的国家，资本税是否征收的问题取决于，债券持有者求偿数额的极大增加以及通过借债而不是征税来筹集的绝大部分的当前战争成本，是否在长期超过了纳税人所能支持的部分。但是很高的遗产税、所得税和针对非生产收入的高额税收，让债券持有人的净收入极大地减少，此时的资本税问题又不同了[①]。不过，在战后对劳动收入按照每英镑 6 先令至 10 先令的标准征税的情况下，正常的预算还不能平衡，此时适度的资本税就在所难免。就当前的情况来看，资本税该不该征收很难说。因为现在还不可能知道正常预算是否能够解决问题，它在很大程度上取决于英镑价格稳定在怎样的水平上。如果英镑价格水平大幅度降低，不论是否为了恢复旧时的黄金平价还是其他原因，资本税都应该征收。但如果英镑价格水平稳定在比战前高出 80% 到 100% 的水平——从其他角度看这可能是一个合意的结果——而且如果国民经济在逐步复苏，那么我们可能在不对生产劳动活动征收打压性的税收并且也不征收资本税的情况下平衡预算。从现实角度来看，资本税是完全可行的，而且与任何其他产生相同作用的新增税相比，也不会招致更多的反对。不过，就像所有新增税一样，它的引入不可能毫无阻力，所以
58 只是为了代替一种具有类似功能的现有税收而对其加以提倡也大可不必。当国民普遍认为现行税收负担过重时，资本税都会被看成

① 法国债务持有人的净回报率超过 6%，在英国则不超过 3%。

是对过去累积债务和当前努力成果的税收负担进行调整的最为公平和有效的手段。我们不应当从资本税本身来评价它，而是将它与其替代办法进行比较来衡量它。经验表明，长期来看，国家大部分人将不会屈从于向既得利益阶层支付过多的收入，而且即使不以资本税的方式进行必要的调整，也会通过其他方式调整——很可能就是货币贬值。

在一些国家，国内的现有债务负担就让贬值变得不可避免，只是时间早晚的问题，只要看看骚乱发源地——法国的情形就知道了。法国的财政史如下：

1922 年年底，不考虑外债，法国的国内债务就超过了 2500 亿法郎。加上计划在不久后借入的以及由政府担保的重建贷款，1923 年年底内债总额将近 3000 亿法郎。要偿付这些债务，每年需要支付 180 亿法郎。在 1923 年的临时预算中，财政总收入预计在 230 亿法郎左右①。换句话说，以 1923 年年初的当前法郎价值衡量，债务偿付几乎需要消耗掉全部的税收收入。因为常规预算中其他的政府支出不可能少于每年 120 亿（战争赔款和重建支出除外），因此即使不大现实地假定 1923 年以后临时预算中的其他支出由德 59
国赔款提供，税收收入也必须永久性地增长 30% 才可以使得收支相抵。不过，如果法郎相对于英镑贬值 100%，就可以通过拿出比 1922 年多一点点的国家实际收入使常规的预算得以平衡。

在这种情况下，将很难或者说几乎不可能不求助于进一步的贬

① 对于年度最终收入的预测经常变化，而且很可能不同于上面给出的数字，但是并不影响我们的结论。拉斯特瑞最近很自豪地指出，由他首次引入预算中的法郎进一步贬值是如何已经对以法郎衡量的收入进行改善的。

值。接下来，我们要怎么样看待当前仍在严肃讨论的把法郎恢复到以前平价的这个问题呢？恢复平价的话，债券持有人本已不可承受的求偿数额将会增加 3 倍。法国的纳税人是无论如何也不会同意的。即使法郎被奇迹般地恢复平价，它也不能维持。因为税收收入不足引发的新通货膨胀必然将法郎重新拉回到贬值的轨道上。而且，我已经假定，完全取消法国的外债，以及 1923 年后政府额外支出由德国赔款承担——根据目前的情况看这个假设是不现实的。仅仅这些事实就会使得法郎一定不可能恢复到其之前的价值。

在适当的时候，法国必须要在增加税收、减少支出和减少负债之间做出某种妥协。我可以确定地说，法国民众偏向于进一步贬值，其原因在于德国的恶意，或者是伦敦和纽约的财政马基雅维利主义（Machiavellism），贬值与一个得以恰当地构建资本税相比，更加保守和正统，它保护了小额存款人的利益，而公众对资本税的憎恶是不会轻易逃过法国财政部的目光的。

如果我们放眼未来，把视角从现在创造或者消灭财富的是是非非转移开，法郎的长期平价将不是由投机或者是贸易的平衡决定
60 的，也不是由鲁尔地区的冒险决定的，而是由法国纳税人允许从自己的劳动收入中拿走多大的比例来支付法国债券持有人的求偿额来决定的。法郎汇率水平将继续下跌，直到应支付给债券持有人的法郎的商品价值下降到与国民的习惯和心理相一致的国民收入的某个比例为止。

第三章　货币理论与汇率 61

我们已经充分阐述了价值标准不稳定所产生的恶劣后果。在这一章[①]，我们必须为结论性章节所提出的切实可行的建议打好理论基础。直到当前，绝大多数有关货币理论的文献都建立在金本位制的假设基础上，这种假设如此严格，以至于需要做出一些修订，以适应现有的不能相互兑换的纸币本位制。

第一节　货币数量论

货币数量论是一个基本理论。它与事实的一致性毋庸置疑[②]。然而这一理论经常被误述和误传。葛逊（Goschen）60 年前所言至今仍然成立，他说："有许多人，一听到价格水平和货币数量之间存在一种确定的关系就怒火中烧。"

这个理论来源于这样的事实：货币的效用仅仅来自于其交换价值，也就是说，货币的效用体现在它能购买到的物品的效用上。有

---

① 不可避免的是，这一章提出的部分问题对于非专业人士有较大的难度。对理论基础不太感兴趣的读者可以跳过本章。

② "货币数量论经常受到攻击和辩护，就好像它是一个非对即错的命题集合。但事实上这个理论说明中使用的公式仅仅是让我们思路清晰地搞清楚货币价值得以决定的主要原因的工具"（庇古）。

价值的物品自身而非货币具有效用。假设它们可以分割并便于携带，那么效用的总量就会随着其数量的增加而增加——并不和数量完全成比例增加，但在达到饱和点前，效用总量确实在增加。

62 如果一种物品被用作货币，例如黄金（除被用作货币外它还有其他的效用），尽管基本原理没有改变，但理论的严格陈述变得有点复杂。在当前情形下我们可以使自己从这种复杂性中摆脱出来。纸币自身并没有效用，除了作为货币而具有的购买力外，可以说它完全没有价值。

因此，公众需要的不是这么多盎司，或者这么多平方英尺，或者甚至是这么多的英镑纸币，而是足够支付一周工资或者支付账单，或者满足他们可能的旅行开支，或者一天购物所需的货币数量。当人们发现持有的现金超出了自己所需，他们就会通过某种方式处理掉多余的部分，可以是购买商品或投资，可以是把钱存入银行，或者还可以增加自有的储备。因此，公众平常手头持有的纸币**数量**由适合他们持有或携带的**购买力**数量所决定，而非其他。这种购买力的数量部分决定于他们的财富，部分决定于他们的习惯。公众拥有的财富总量只会逐渐改变，而他们使用货币的习惯则更容易改变——无论他们是按照每周、每月还是每季度来获得他们的收入，无论他们在商店使用现金还是银行账户，无论他们是否在银行存款，无论他们是喜欢在短期兑换小额支票还是在长期兑换大额支票，也无论他们是保留储备还是为了房子储存货币。但是如果他们的财富和上面所说的那些习惯没有改变，那么它们以货币形式持有的购买力的数量肯定是固定的。我们可以用一个单位来衡量这一确定数量的购买力，该单位由一揽子标准消费品或其他支出品的确定数量组合构成；例如为了计算生活成本指数而综合起来的商品的种类和数量。让我们把这一单位称为“消费单位”，并假设公众需要持有超过 k 消费单位购买力的货币数量。假设在公众手中流通 63
的纸币或者其他形式的现金数量为 n，令 p 表示每一消费单位的价格（也就是说 p 是生活成本指数），由此可以得出 $n=pk$。这就是著名的货币数量论。只要 k 保持不变，n 和 p 将一同上升和下降；也就是说纸币增加或减少，价格水平就会按相同的比例提高或降低。

到目前为止我们假设公众的全部购买力需求都由现金满足，另一方面假设这一需求是现金需求的唯一来源；忽略了包括工商界在内的公众出于同样的目的而使用银行存款和透支工具的事实，同时银行必须因为同样的原因而保有现金储备。不过，理论很容易被扩展到这一情况。让我们假设公众（包括工商业）发现保有相当于 k 消费单位的现金和 k' 消费单位的银行支票在银行里是便利的，银行保有的现金占其对公众负债的比例为 r。此时方程式就变为

$$n=p(k+rk')$$

只要 k，k' 和 r 保持不变，我们就能得出和以前一样的结果，也就是说 n 和 p 一起上升或下降。k 和 k' 之间的比例取决于公众在银行的安排；这些变量的绝对值通常决定于习惯；r 的值依赖于银行的储备习惯。由此，只要这些变量不改变，我们仍可以得到现金数量（n）和价格水平（p）之间的直接关系[①]。

① 我的推理主要遵循的是庇古教授1917年11月在《经济学季刊》上发表的文章以及马歇尔博士在《货币、信用和商业》一书第一及第四章中的思路，而不是大家所更熟知的欧文·费雪教授的分析。费雪教授对问题的分析始于商业交易所需货币量以及每一单位货币换手的频率，而不是公众所持有的货币数量。虽然我们得到了相同的结论，公式也非常类似，但本文所阐述的方法看起来要比费雪教授的方法更接近所观察到的事实。

64 我们已经看到 k 和 k' 的数量部分取决于社会的财富，部分取决于公众的习惯。公众对于手头持有更多现金所带来的预期额外便利与支出现金或投资带来的好处进行比较后，习惯就得以确定。当持有更多现金的预期收益与支出或投资带来的收益平衡时，均衡点就达到了。马歇尔的话很好地总结了这个问题：

> 在每一种社会形态中，人们都会将其收入的一部分，可能是 1/5、1/10 或者 1/20，以通货的形式持有，因为他们觉得这样做是值得的。对通货资源的极大掌控使得他们的生意顺利开展，使他们在讨价还价中占据有利地位；但另一方面它也锁定了一部分本可以通过投资——比如买更多的家具或者投资于更多的设备或牲畜——来获得满意收入的资源。一个人“在权衡掌控更多资源的优势和把更多的资源放在不能产生直接收入或其他收益的形式上的劣势”之后确定一个合适的比例。“让我们假设一个国家的居民（包括所有类型性格和职业的居民）发现，将平均相当于其年收入 1/10 以及总财产 1/50 的购买力保留在身边是值得的，那么该国通货的总价值将趋于和这些数量的总和相等”。[①]

① 参见《货币、信用和商业》第一章和第四章。马歇尔博士在注释里说明，上面的内容事实上是考虑这个问题的传统方法的发展：“配第（Petty）认为‘足够’国民使用的货币‘相当于支付英国全部土地半年租金以及一季度房租，所有人一周的开销，或者所有出口商品价值的 1/4’”。洛克（Locke）估算“工资的 1/5、土地所有者收入的 1/4 以及经纪人年收入的 1/20 将足够驱动一国的贸易”。坎蒂隆（Cantillon，A.D.，1755）经过长期潜心研究，总结出所需的价值是一国总产出的 1/9；或者是地租的 1/3。亚当·斯密（Adam Smith）对当今时代抱有更多的怀疑，他说：“不可能确定比例”，“尽管它已经被不同的学者计算出是年产出总价值的 1/5、1/10、1/20，甚至 1/30”。在当前条件下，流通中的货币占国民收入的比例大致在 1/15 和 1/10 之间。

迄今为止，对上述理论还不存在观点分歧。那些粗心的货币数量论支持者通常爱犯的错误如下，这也可以部分解释为什么这个理 65
论没有得到普遍接受。

每个人都承认，公众使用货币和银行工具的习惯以及银行关于储备的实践会随着社会的显著发展而不时改变。这些习惯和实践是对经济和社会组织发生变化的反应。但是理论经常在更深层次的假设上被阐述，它假设货币数量一个微小变化不能影响 k，r 和 k'——用数学语言阐述就是，与这些数量相比，n 是一个自变量。既然已经假设 k，r 和 k' 不受影响，由此可以得出 n 随机地变成原来的 2 倍，将必定使 p 上涨 2 倍。数量理论通常以这种形式或类似的形式加以阐述。

这种数量关系“从长期”来看可能是正确的。美国内战以后，如果美元价值通过法律被稳定在低于其当前价值的 10%，那么假设 n 和 p 正好比其实际值高出 10 个百分点，而且 k，r 和 k' 的当前值完全不受影响，这个说法可能是可靠的。但是**长期**是对当前事务的误导。**从长期来看**，我们都将死去。如果在暴风雨季节经济学家们只能告诉我们，当暴风雨过去以后大海就会恢复平静，那么他们的工作就太过简单，太过无用了。

从现实经验看，n 的变化易于对 k，k' 和 r 产生影响。几个典型的例子就足以说明这一点。战前的银行储备政策中有不少传统和随意的因素，特别是国家银行的黄金储备政策。这些储备更多的是用来炫耀而不是使用的，它们的数量不是严密推理的结果。1900 年到 1914 年之间，这些银行存在一个明显的趋势，就是当黄金流向它们时，就收藏黄金，当潮流转向时就不情愿地放出黄金。因此， 66

当黄金变得相对丰裕时，它们倾向于窖藏黄金来提高储备的比例，结果与 n 的增加对 r 的值完全没有影响的情况相比，吸纳增加了的南非黄金产量对价格水平带来的影响较小。

在农民乐于储藏货币的农业国家，通货膨胀不会成比例地提高价格，特别是在通货膨胀的初期阶段，因为作为农产品价格确定上升的结果，当更多的货币流入农民的口袋时，货币就会停留在那里；认为自己变得更富有的农民会增加收入中用于储藏的那部分比例。

因此用这种或其他方式，我们的等式条件在变量变动中倾向于维持 p 的稳定，而且存在着一定的摩擦因素，这些因素能阻碍 n 的适度变化对 p 施加完全的成比例的影响。

另一方面，消除初始摩擦的 n 的一个大幅度变化，尤其是在相同方向上形成进一步变化的普遍预期所导致的 n 的变化，可能对 p 产生的影响比成比例影响**更大**。在第一章进行了总体分析和第二章对灾难性通货膨胀进行论述之后，就没有必要再对这些问题做进一步阐述——较之 10 年前它们更容易被理解。p 的大幅度变化极大地影响个人财富。因此当这种变化发生之后，或当这种变化被预期到时，它可能极大地影响公众的货币使用习惯；面临这种情况，公众会力图保护自己在未来免受类似的损失，或者在从与 n 的旧值相吻合的均衡转向与其新值相吻合的均衡过程中赚取收益并避免损失。因此，在 n 值变化后、变化中和变化前（只要这个变化被预期到），k，k' 和 r 的值将会发生变化，结果就是 p 值的变化，这种
67 变化可能是永久性的（因为习惯和风俗一旦改变将很难恢复原状），至少是暂时性的，但这种变化将不会和 n 的变化恰好成比例。

不同的作者在不同的意义上使用**通货膨胀**和**通货紧缩**这两个术语。人们简便地把 n 的增加或减少说成**现金**的通货膨胀或通货

紧缩；把 r 的减少或增加说成信用的通货膨胀或通货紧缩。“信用周期”（现在被描述为繁荣和萧条的交替）的特征存在于 k 和 k' 在繁荣时下降和在萧条时上升的变化趋势里，而与 n 和 r 的变化无关，这些变动分别象征着“实际”余额的减小和增大（也就是说，以购买力衡量的手头和银行里的货币余额）；所以我们可以把这种现象叫做实际余额的通货紧缩和通货膨胀。

假如我们设法为符号变量填上实际值，就将在一般意义上阐述“数量论”方程式，特别是阐释实际余额的通货紧缩和通货膨胀现象。下面的例子并不精确，它的目的只是阐明观点而不是阐明传达统计意义上的精确事实。1920 年 10 月大约是最近一次繁荣的末尾，1922 年 10 月则接近萧条的底部。这两个日期的价格水平（以 1922 年 10 月为 100）、现金流通量（纸币流通加上英格兰银行的私人存款）[①] 和英国的银行存款大致如下：

	价格水平	现金流通（百万英镑）	银行存款（百万英镑）
1920 年 10 月	150	585	2000
1922 年 10 月	100	504	1700

r 的值在这两个时期没有显著的不同——大约为 12%。由此计算出两个时期的方程式各变量的值如下 [②]：

1920 年 10 月　$n = 585$　$p = 1.5$　$k = 230$　$k' = 1333$

1922 年 10 月　$n = 504$　$p = 1$　　$k = 300$　$k' = 1700$

因此，在萧条期，k 从 230 上升到 300，k' 从 1333 上升到 68
1700，这意味着先前时期的公众现金持有价值是后期的 22/30，它

---

① 我现在还无暇抛开手头的事情去讨论为什么在英国的例子中我采用了“现金”的这种定义。后文第五章中将会对此进行进一步讨论。

② 因为 $585 = 1.5 \times (230 + 1333 \times 0.12)$，$504 = 1 \times (300 + 1700 \times 0.12)$。

们的前期银行余额价值是后期的1333/1700。由此看来，k 和 k'、上升的趋势相较于“现金”的紧缩与两个时期之间价格的下降关系更紧密。若 k 和 k' 的值下降到它们1920年的水平，价格则将上升30个百分点而不造成现金量和银行储备政策上的任何变化。因此即便在英国 k 和 k' 的波动也会对价格水平造成决定性的影响；同时我们已经看到在当前的情况下，俄国和中欧的变化有多么大。

这里讨论的用意在于让读者意识到（读了第四、五章就更明白了）价格水平并不神秘，它只不过是受到了少量确定的、可分析的影响因素的支配。这其中的两个因素，n 和 r，直接在（或应该在）中央银行的控制之下。第三个因素，也就是 k 和 k'，不是直接可控的，它依赖于公众和工商界的情绪。出于长期的考虑，也为了避免周期性波动，稳定价格就部分在于对 k 和 k' 施加稳定的影响；要是这样做失败了或不切实际，就通过有意识地改变 n 和 r 来抵消 k 和 k' 的变动。

对 k 和 k'（特别是 k'）施加稳定性影响的通常做法是使用央行利率工具。k' 增长的趋势可以通过降低银行利率而得到一定程度的抵消，因为借贷便利会减少保有富余现金以应对意外情况所带来的好处。廉价的货币也能抵消 k' 的增长，因为通过鼓励从银行贷款，将会阻止 r 上升或引起 r 下降。不过，银行利率自身是否一直都是一个强有力的工具，这一点值得怀疑；而且如果我们要实现稳定，我们就必须准备好不时地改变 n 和 r。

69 我们的分析表明，中央银行和货币当局的首要职责是确保他们对 r 和 n 的完全调控。例如，只要通货膨胀税有问题，n 就会受到不同于通货目标的其他因素的影响，因此就不能完全对 n 进行调控；而且在另一个极端上，金本位制下的 n 不是总处于控制之下，因为它依赖于不受控制的力量，这种力量决定着全世界黄金的供给和需求。再者，如果没有中央银行制度，r 将不会置于适当的控制之下，因为它将由众多不同银行未经协调的决策所决定。

当前，英国的 r 完全可控，n 也一样，只要我们一方面避免采用通货膨胀财政，另一方面避免回到不受控制的金本位制下[①]。通货当局的第二个职责因此是值得讨论的，也就是为抵消 k 和 k' 的变化而对控制 n 和 r 的手段的**运用**。即使 k 和 k' 完全不受经过权衡的政策的影响（事实上不是如此），通过对 n 和 r 值的适当调节，仍然可以保持 p 适度稳定。

对健全货币政策的老式倡议过于强调保持 n 和 r 稳定的必要性，在持这种观点的人看来，政策本身好像就能产生正确的结果。实际情况并非如此，当 k 和 k' 不稳定时，n 和 r 的稳定必然导致价格水平的不稳定。周期性波动的特点并不是主要体现在 n 或 r 的改变上，而是体现在 k 和 k' 的变化上。由此，当有迹象表明 k 和 k' 值会发生变动时，假若我们准备好有意识地增加和减少 n 和 r 的值，波动才能够被熨平。但是这将把我引入一个超越我当前目标的大课题，我也对第五章的主题充满期待。尽管如此，这些线索将向读 70
者表明，理解了本章开始提出的那个简单数量方程式的含义可以引领我们走得更远。

第二节　购买力平价理论

数量论讨论的是一定量的国家通货的购买力或者商品价值。现在我们来讨论**两种**不同国家货币的**相对**价值，也就是外汇理论。

---

① 就美国而言，情况大致类似，只要美联储准备好抑制多余黄金的费用。

当[①]世界上的货币[②]基本上都以黄金为基础时，它们的相对价值（也就是汇率）依赖于每一单位货币中含有的实际黄金数量，并依据将黄金运往各地的成本加以微调。

当这种常用的度量方法不再有效，取而代之的是许多不能兑换的纸币独立制度时，又由什么来决定不同货币间交换的比率呢？[③]

---

① 从此处开始，本书的内容开始契合作者1922年4月20日发表的文章《外汇理论》和《购买力平价》。

② 本书用“世界上的”代替了原文中的“欧洲的”。

③ 本书的行文从此处开始直到71页（此处指英文第一版页码——编注）“我们发现”为止，与原文不同。原文是这样的：“它取决于供给和需求”在此时显得毫无深度且毫无用处。难道我们就不能将这个分析引向深入，使得通常的想象能够将过程具体化？

学者们认为当前对这个问题最受欢迎的解释——理解得较为恰当，也可能是最为正确的解释——就是卡塞尔（Cassel）教授以“购买力平价”为名让公众所熟知的内容。

无意于对这种学说更为仔细地说明做出过多的批评（关于相关的评论文章，读者可参考卡塞尔教授、庇古教授以及彼克迪科（Bickerdike）先生不时发表在《经济学杂志》上的文章），我认为变得喋喋不休只会让更多的人糊涂而不是清醒。许多人只将这种学说作为筹码、替代品而不是工具，对于反复重申这种学说的人来说，这些人不会更聪明1便士；如果他们对外汇感兴趣的话，他们可能要更贫穷1马克！

我们必须从引入货币的“国内”和“国外”购买力之间的区别开始。比如，我们考察在德国以马克购买一揽子标准商品的价格，这个价格就可以用来衡量马克的“国内”购买力；如果过一段时间后，这个价格上涨了，那么马克的国内购买力就相应地下降了。再来考察另一种价格，我们要以马克支付的不是在德国购买的那一揽子商品，而是以外币购买的一揽子类似商品，外币要通过按照汇率卖掉马克而获得——这个价格衡量的是马克的“国外”购买力。

购买力平价学说的基础（用庇古教授的话说）就是，在贸易均衡的一般条件下，德国人为在德国出售的商品所支付的马克数量不会与为在美国出售的相同商品所支付的马克数量不同，当然运输成本和进出口税要考虑在内。由此该学说得出，如果不存在运输成本和进出口税，马克对于国际贸易商品的国内和国外购买力在均衡时必须总是相等的。德国一揽子商品的马克价格除以美国相同商品的美元价格得到的一个比率就是马克对美元的汇率，我们也可以将其称之为“购买力平价”。因此该学说指出，在均衡时，由此计算出的购买力平价必然倾向于和交易商实际所报的马克和美元之间的汇率相等。另一方面，如果……。

解释这种学说最早的版本可以在李嘉图的著作中找到，近来卡 71
塞尔（Cassel）教授以“购买力平价”[①]为名让公众对这种解释的内容更加熟悉。

这种学说最初的版本是这样的：（1）依照前面讨论过的货币数量论，不可兑换的通货在自己国家的购买力，也就是通货的国内购买力决定于政府的货币政策和人们使用通货的习惯。（2）不可兑换的通货在外国的购买力，即通货的国外购买力，必然是本币和外币之间的交换比率乘上外币在其自己国家的购买力。（3）将运输成本和进出口税考虑在内，在均衡条件下，一种通货的国内购买力和国外购买力必定相等；否则就会有利用这种不均等的贸易发生。（4）由此，从（1）、（2）、（3）可以得出本币和外币之间的交换比率，在均衡状态下，必定是本币在本国的购买力和外币在外国的购买力二者之间的比率。两种通货在各自国家购买力的比值就被定义为“购买力平价”。

因此，如果我们发现本国通货的国内和国外购买力之间差异悬
殊的话，即实际的汇率与购买力平价差距很大[②]，那么就有理由推断 72
均衡不能达成，随着时间的推移，某种力量将使得实际汇率和购买力平价越来越接近。实际汇率通常比购买力平价更敏感更易变，其原因有投机、资金的突发性变动、季节性影响[③]和对购买力平价将

① 卡塞尔教授1918年12月发表在《经济学杂志》上面的文章首次把这一术语引入经济学文献。卡塞尔教授关于整个问题的讨论参见他1922年发表的《1914年以后的货币与外汇》。该理论本质上来源于李嘉图。

② 原文中此处和接下来一句话中用到的是平价的单数形式而非复数形式。

③ “季节性影响”是原文中没有的。

要变化的预期（由于相对的通胀或通缩）；尽管在其他情况下，这些因素的变化也可能是滞后的。不过，根据这个学说，正是这种购买力平价[1]才是与旧的黄金平价相一致的。这就存在一个均衡点，汇率就是围绕这[2]个点波动，并且[3]最终必然稳定在这个点上[4]；不过，
73 有一个实质性的不同，即这个点本身不是一个固定不变的点——因

---

① 原文中这句话前边部分是“但是购买力平价”。

② 在原文中，这句前面是分号而不是句号，代词用的是 it 而不是 this。

③ 原文中此处用的是“但是”而不是“并且”。

④ 此处原文与本书的内容大相径庭，一直到本书第 74 页（此处指英文第一版页码。——编注）第二自然段第二句才重新一致。原文是这样写的：

“通常意义上所阐述的学说并没有完全忽视以下事实，即由于运输和关税以及其他方面的成本，国内外购买力即便在均衡时也并不是完全相等的。但是这个难题可以通过确定基期——通常是 1913 年——以及假定那时的国内外购买力百分比差异可以被看作是对当前相同扰动因素的一个近似满意的修正来克服。例如，不用直接计算一个标准商品组合分别在国内外的成本，而是这样来计算，在德国要花 16.5 马克来购买在 1914 年只需花 1 马克就能购买到的标准商品组合，在英国要花 2 英镑来购买在 1914 年只需花 1 英镑就能购买到的标准商品组合。在此基础上（战前购买力平价的正确测量值被假定为 20 马克 =1 英镑），当前马克和美元之间的购买力平价就是 $20 \times 16.5 \div 2=165$。如果实际汇率是 1000，这表明对购买力平价的一个巨大偏离，也就是说马克的国内价值不足其国外价值的 6 倍。

乍一看这个理论似乎极具实用价值；那些对预测汇率感兴趣的人在过去两年中准备了显示实际汇率和购买力平价之间差异的图表，并试图从中得出重要的实用结论。

这些图表非常有趣，正如我在本文结尾处针对这类图表所承认的那样。但是有必要说明的是，从这类图表中得出推论是困难和隐晦的，而且对这些图表的运用多数都有误。

请读者们回看一下上文中的引用文字，其大意是说，以上文所述形式出现的理论必须只应用于进入国际贸易的商品情景，而且必须考虑运输和关税成本。理论的实际应用几乎总是沿着有别与此的不同思路展开；因为所选择的标准商品组合并不局限于出口和进口到参与比较的两个国家的商品，但通常为计算一般购买力或工薪阶层生活成本指数的目的而选择相同的商品组合。而且，关税成本在很多情况下与 1913 年时的情况大不相同，如果用关税成本这个术语来涵盖所有的进出口管制，包括明令禁止和官方或半官方支持国内价格和出口价格背离，我们可能难以得出正确的结论。

因此，通常所计算的购买力平价与实际汇率之间的差异一部分可由以下事实进行解释，即计算与准确阐述的理论并不严格相符。”

为，如果在可比的情况下，两个国家的国内价格发生不同的变动，购买力平价也会变动，从而均衡就不仅可以通过市场汇率的变动而且也可以通过购买力平价自身的变动而重新建立。

乍一看，这个理论似乎颇为实用；许多人努力从表示市场汇率和购买力平价之间背离的图表中得出关于汇率未来走向的实用性结论——而丝毫不考虑如下的难题：现存的对均衡的背离是否能够通过汇率的变动、购买力平价的变动或者两者的同时变动而得到补救。

然而，这个学说的实际应用还存在两点困难，目前为止这两点困难还没有引起我们的注意；这两点都来自于这句话“将运输费用和进出口税考虑在内”。第一点困难是如何将这样的费用和税考虑在内。第二点困难是怎样处理**根本不进入国际贸易**的商品和服务的购买力。

这个学说——按照它被普遍应用的形式来表述的，试图这样解决第一个困难，如果存在近似均衡的话，假定在某一个标准日（一般是 1913 年），国内外购买力的百分比差异可以看作是对当前同 74
样的扰动因素的近似满意的修正。例如，我们不是直接计算一个标准商品组合分别在国内外的成本，而是这样来计算，在美国要花 2 美元来购买在 1913 年只需花 1 美元就能购买到的标准商品组合，在英国要花 2.43 英镑来购买在 1913 年只需花 1 英镑就能购买到的标准商品组合。在此基础上（假设战前购买力平价和战前汇率平衡，即 4.86 美元 = 1 英镑），那么当前美元和英镑之间的购买力平价就是 4 美元 =1 英镑，因为 4.86 × 2 ÷ 2.43=4。

对于这种修正方法最明显的反对意见就是运输和关税成本在很多情况下与 1913 年时的情况大不相同，尤其是如果用运输和关税成本这个术语来涵盖所有的进出口管制，包括明令禁止和官方或半官方支持国内价格和出口价格背离。如果我们选择 1913 年以外的年份作为计算基期，很可能得出不同的结果。

第二点困难，即对不进入国际贸易的商品的购买力的处理，要更为严重。因为[1]，如果我们把自己限定[2]在那些进入国际贸易的商品上，并且同样考虑[3]运输和关税成本，我们就会发现这个理论总是与事实相符[4]，当然可能存在一个短的时滞[5]，但购买力平价总[6]不会偏离市场汇率[7]很远。事实上[8]，国际贸易商人看到的正是如此；因为[9]无论何时汇率暂时偏离平价，他都能够通过把货物从一

75 地贩卖到另一地而获利。适当考虑关税以及将棉花从一地运往异地的成本，并且以市场上实际获得的汇率为基础，分别以美元、英镑、法郎、马克、里拉和克朗表示的棉花在纽约、利物浦、勒阿弗尔、汉堡、热那亚和布拉格的价格，不管在多长时间内都不会有很大不同；国际贸易中的其他商品也是如此，尽管对于那些没有标准化或者没有在有组织的市场上经营过的商品来说存在一个日趋增长的时滞。事实上，这个学说是自明之理，几乎是非常浅显的理论[10]。

① 本书用“因为”代替了原文中的“的确”。

② 原文中“限定”用的是过去时。

③ 原文中用的是“考虑”的过去时态。

④ 本书用“总与……相符”代替了原文中的“被证实”。

⑤ 原文中此处是用一个连接词“and”连接下一句话的。

⑥ 本书中用一个 be 动词代替了原文中的 is。

⑦ 本书中用“市场汇率”代替了原文中的“实际汇率”。

⑧ 这是本书在原文基础上新加的一个词。

⑨ 本书用“因为”代替了原文中的“而且”。

⑩ 在原文中这句话被放在了下个自然段，是这样写的：“事实上，上文所述的购买力平价理论是自明之理（就像货币理论那样），并且几乎是非常浅显的。”

正是因为这个原因，这个学说的实际应用没有因此而受到限制。被选中的标准商品组合没有被限定在那些与所考察国家发生进出口关系的商品上，而是和编制一般购买力指数或者工薪阶层生活成本指数所使用的商品组合相同。然而，如果要以这种方式对这个学说加以应用的话[①]——也就是把两国国内商品**一般**[②]指数的变动和两种货币之间的汇率变动进行比较，这个学说[③]的有效性还需要做进一步的假设，也就是在长期内，不进入国际贸易的商品和劳务的国内价格要与进入国际贸易的商品和劳务的价格或多或少地以相同的比例变动。[④]

由此可以看出，这个学说并不是什么自明之理，它并不完全正确；我们只能说根据情况的不同，它或多或少有正确的成分。如果
资本和劳动能在国内和出口产业间大范围自由流动而不发生相对 76
效率的损失，如果[⑤]与其他国家的“汇率等式”（参见下文）不发生变动，如果价格的波动只是由于货币的影响而不是由于两国其他经济关系的变动，那么这个[⑥]进一步的假设有可能被证实。不过现实情况并非总是如此；像对获胜方和战败方产生不同的影响的战争这

① 这一大段话代替了原文的“正如它通常所被应用的那样，该理论”。

② 原文中“一般”没有加着重号。

③ 原文中此时并没有出现“这个理论”字眼。

④ ［“我们对购买力平价的计算严格遵照这样的条件：所考察国家价格的上涨对所有的商品产生大致相当的影响。如果这个条件不满足，那么实际汇率可能偏离所计算出的购买力平价。”卡塞尔，《1914年以后的货币与外汇》，第154页。］

⑤ 从此处开始一直到“那么”之前的行文代替了原文中的“如果所考察两国的实际劳动工资相对不发生变动，价格的变动主要是由于货币影响而不是其他经济条件的变化”。

⑥ 本书用“这个（this）”代替了原文中的“该（the）”。

样的大灾难，可能建立起一种新的均衡。例如，德国进口和出口的相对交换价值，或者说德国进入和不进入国际贸易的商品和劳务的相对交换价值[①]可能发生比较持久的变化，或者至少和支付战争赔款一样长。或者[②]，由战争导致的美国对欧洲财政地位的加强可能已经使均衡朝着有利于美国的方向变动。在这类情况[③]下，假定购买力平价系数——正如他们通常按照一般购买力指数指标相对于其战前水平的变化所计算出的那样[④]，必定最终接近于实际汇率或者说国内和国外的购买力必定最终保持和 1913 年同样的关系，这样的假定是不正确的。

美联储所计算出的美国相关指标数据[⑤]向我们展示了自 1913
77 年以来进口货物、出口货物和商品相对价格的变化造成了多么令人
不安的影响。

	进口货物	出口货物	所有商品
1913 年	100	100	100
1922 年 7 月	128	165	165
1923 年 4 月	156	186	169
1923 年 7 月	141	170	159

因此，这个学说没有为汇率的“真实”价值提供一个简单或现成的测度方法。当被限定在外贸商品[⑥]时，它不过就是一个自明之

① 原文中，此句是“德国的商品和劳务与其他国家的商品和劳务之间”。

② 这一句在原文中没有出现。

③ 此处用“这类情况”代替了原文中的“这种情况”。

④ 本书用“通过一般购买力指数指标相对于其战前水平的变化”代替了原文中“下文所给出的表格中”。

⑤ 这一段在原文中未出现。

⑥ 本书用“当被限定在外贸商品时”代替了原文“如果以这种方式来诠释”。

理。当[①]不做这样的限定时，购买力平价的定义就变得更有趣，但不再是外汇行情变动的精确预报指示器了。因此，如果我们遵循通过比较一国货币的国内外**一般**购买力来固定购买力平价的常规做法，那么我们不可能从中得出实际汇率应该稳定在购买力平价上，或者两者将回到平衡只是需要时间和调整的结论。这样定义的购 78
买力平价告诉我们一个有关 1913 年到 1923 年间（例如）在英国和美国或德国的货币购买力相对变化的重要事实，但它并没有解决 1923 年英镑和美元或者马克之间的均衡汇率应该是什么的问题。

因此，这样定义的“购买力平价”仍值得关注，尽管它不总是汇率变动的精确预报指示器。我们所做的定性分析的实际重要性不应该被夸大。如果购买力平价的波动与汇率的波动显著不同，这

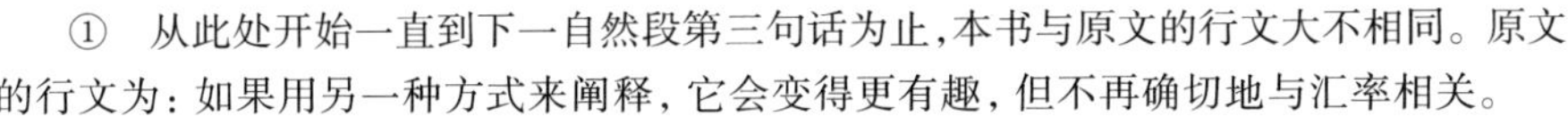

① 从此处开始一直到下一自然段第三句话为止，本书与原文的行文大不相同。原文的行文为：如果用另一种方式来阐释，它会变得更有趣，但不再确切地与汇率相关。

由于我们必须决定将以哪一种方式来对它进行诠释，我倾向于更为有趣的那种定义——也就是说，不将购买力平价的相关性局限于进入国际贸易的商品上（从而其与实际汇率相等就是自明之理）的那种定义，而是用它来测度一个国家国内外一般购买力的变化。如果将其用来阐述德国和英国的情况，这个定义就是这样的：

在基期（一般是 1913 年），让我们假设汇率为 1 英镑等于 20 马克，而且 1 英镑在英国的一般购买力指数和 1 马克在德国的一般购买力指数均被定为 100。如果当前（1922 年）英国的指数上涨到 200，德国的指数上涨到 1650，那么英镑和马克之间的购买力平价，以 1913 年为基期的话，就是 $20 \times 1650 \div 200 = 165$。

但是我们不能由此推断出，英镑和马克之间的汇率应该稳定在 1 英镑等于 165 马克的水平，或者说购买力平价和实际汇率回归到近似相等的水平只是时间的问题。应当观察到，我们的定义实质上给出了一个基期。如果我们选定一个其他的年份作为基期（比如 1919 年），那么我们应该会得到一个不同的结果。这样定义的购买力平价告诉我们一个关于 1913 至 1922 年间英国和德国货币购买力发生的相对变化的重要事实，但是并没有给出一个有关 1922 年英镑和马克之间的均衡汇率应该是什么的定理。

这样定义的“购买力平价”变得非常有趣，部分是因为它与汇率的关系，部分是因为其他原因。当然，上述对它与实际汇率之间关系的批判性怀疑也不应该过分强调。

就表明进入和不进入国际贸易的两类货物间的相对价格发生了实际的变化或即将要发生变化。当前必然存在一种趋势，即两类商品的价格变动在长期内会对彼此造成影响。对它们的相对估值来源于不易受到干扰的深层次的经济和心理原因。因此[1]，如果对先前存在的均衡的偏离主要[2]是由于货币原因（例如，两个国家不同程度的通货膨胀或通货紧缩）——一如通常所说的那样[3]，那么我们就有理由合理地[4]预期购买力平价和汇率值不久就会趋于一致[5]。

倘若如此[6]，就不能一概而论地[7]说到底是汇率值将朝着购买力
79 平价变动还是相反。就像近来的欧洲[8]，有时汇率对即将发生的相对价格变动[9]更为敏感，并且迅速做出反应；而在其他情况下[10]汇率可能在国内外价格水平关系变化完成之后才会变动。但是[11]，在我看来[12]，被看作是对汇率进行解释的购买力平价理论的实质在于它将国内购买力视为在长期内比市场汇率更值得信赖的[13]一个通货价值指标，因为国内购买力迅速反映出一国的货币政策这一具有最终

① 原文中没有出现“因此”一词。
② 本书用“主要”一词代替了原文中的“全部”一词。
③ 原文没有出现“一如通常所说的那样”。
④ 原文中没有“合理地”一词。
⑤ 本书用“不久”代替了原文中的“迟早”。
⑥ “倘若如此”在原文中没有出现。
⑦ 本书用“一概而论地”代替了原文中“不参考每一种特殊情况”。
⑧ 本书用“就像近来的欧洲”代替了原文中“尤其在近来的欧洲”。
⑨ 本书用“相对价格变动”代替了原文中的“事件”一词。
⑩ 原文中用“情况正好相反”代替了本书此句剩下的部分。
⑪ 原文此处还有“在我看来，有人可能会说”的字句。
⑫ 原文中此处没有“在我看来”。
⑬ 本书用“一个更值得信赖的指标”代替了原文中的“更为基本的决定因素”。

决定力量的因素。如果在对一国货币的[1]国内购买力[2]的影响上[3]，市场汇率比该国现有的或即将到来的货币政策证实为恰当的汇率下降[4]得更多，那么汇率值迟早会反弹。因此，只要两国间的基本经济关系不发生持续的变化，只要货币的国内购买力在每个国家稳定在与该国当局货币政策相适应的均衡点上，那么[5]两国货币间的汇率在长期内也必须稳定[6]在与它们可比的国内购买力相一致的[7]
水平。基于这些假设[8]，可比的国内购买力确实可以取代旧的黄金 80
平价来作为短期[9]汇率波动所围绕的那个点。

另一方面[10]，如果这些假设得不到满足，并且两国间商品和劳务的"交易方程式"[11]发生变化——不管是由于资本变动，还是战争赔款支付的变化，或者是劳动的相对效率的变化，抑或是世界对于一国特殊产品需求的紧迫性的变化[12]，或者类似的其他原因而引起的变化，那么购买力平价和汇率之间的均衡点可能被永久改变[13]。

① 原文中"货币的"后面还有"汇率"一词。

② 原文中此句剩下的部分是"国内购买力由当局的货币政策来决定，不管对于通胀论者还是通缩论者，这都是最终的决定因素"。

③ 本书用到的介词跟原文用到的介词不一样，本书是"by"，原文是"in"。

④ 本书用"如果市场汇率下降"代替了原文中"如果汇率价值下降"。

⑤ 原文中"那么"后面还有"……的修正"一词。

⑥ 本书用"也稳定"代替了原文中的"与……相符"。

⑦ 本书用"相一致的"代替了原文中"修正的"。

⑧ 本书用"假设"代替了原文中的"规定"。

⑨ 原文中此句剩下的部分为"汇率的波动必须围绕"。

⑩ 本书用"另一方面"代替了原文中的"但是"。

⑪ 原文中的"交易方程式"并没有加引号。

⑫ 原文还有一些例子："或者是原有组织的垮台，或者是生活标准的下降"。

⑬ 原文中"被改变"之前还有"或多或少地"。

这[①]一点可以通过一个例子来加以更清晰地阐述。设想有两个国家，威斯（Westropa）和赫斯（Hesperides），为了简单起见，并且也因为这经常与事实相符，我们假设在这两个国家，出口货物的价格与其他在国内生产的货物的价格以相同的方式变化，不过“交易
81 方程式”已经朝着有利于赫斯的方向变化，所以现在一个较小数量的赫斯产品就能换得既定数量的威斯产品。因此威斯的进口产品在价格上将比一般商品上升得更多，与此同时，在赫斯，进口商品的价格将上升较少。假设 1913—1923 年间，威斯的价格指数从 100 上升到 155，赫斯的价格指数从 100 上升到 160；假设这些指数是这样来构建的：进口商品占 20%，国内生产的商品占 80%；假设“交易方程式”已经朝着有利于赫斯的方向变化了 10 个百分点，也就是说，既定数量的赫斯出口商品将比以前多换得 10% 的威斯出口商品。这种状况可以描述如下：[②]

威斯：进口商品价格指数（x） 167
国产商品价格指数（y） 152
所有商品价格指数 155
赫斯：进口商品价格指数（x'） 148
国产商品价格指数（y'） 163
所有商品价格指数 160

由此看来，与 1913 年相比，威斯货币的购买力在 1923 年是 103

① 此处原文和本书在表现形式上大不相同，尽管内容上差别不大。原文中对直到 1921 年 12 月英国、法国、意大利、德国和瑞士购买力平价变化的讨论参见附录二。

② ［因为 $10x=11y$　$11x'=10y'$
$8y+2x=1550$　$8y'+2x'=1660$］

（=160 ÷ 155）；然而汇率是 97（=163 ÷ 167=148 ÷ 152=97）。如果威斯与赫斯的“交易方程式”的恶化是永久性的，那么它的购买力平价（以 1913 年为基础）将也永远保持在市场汇率的均衡值以上。

一国货币价值的两种度量趋向于向不同方向变动，这是一个非常有趣的现象。如果市场汇率连续处于购买力平价以下而没有其他的解释，我们有理由怀疑和基期相比“交易方程式”出现了恶化。

在下面的图表里，实际结果是通过将这个理论应用到自 1919 年英镑、法郎、里拉对美元的交换价值上所得出的。从定量的角度看，这些数字表明，相较于那些有利于购买力平价理论准确性的影响来说，有损于购买力平价理论准确性的影响在这些情况下是微小的。似乎从 1913 年起，“交易方程式”中就存在某些扰动因素——如果在下面的问题里使用的指数不是从进入国际贸易的产品中建 82
立起来的类型，这些扰动看起来就将更加明显。然而由通货膨胀或通货紧缩导致的一般物价变化——对所有的商品产生大致相当的影响，具有如此之大的影响力，从而这个理论具有实际的可用性并且相当精确。但是，在诸如德国这样的国家里，对均衡的冲击在许多方面更为剧烈，以 1913 年为基期的购买力平价与实际汇率之间的一致性无论在短期还是在长期都遭受了相当大的干扰。

图 3.1 表示英镑的购买力平价和实际汇率变化。它表明，尽管以 1913 年为基期所计算出来的购买力平价经常高于实际汇率，但两者之间存在一种强烈地聚合到一起的趋势。两条曲线在 1919 年 9—11 月，1920 年 3—4 月，1921 年 4 月，1922 年 1—6 月和 1923 年 2—6 月聚合到一个点上，这当然显著地说明了购买力平价和汇率间吻合的趋势。基于归纳法，从图 3.1 很容易得出如下结论：

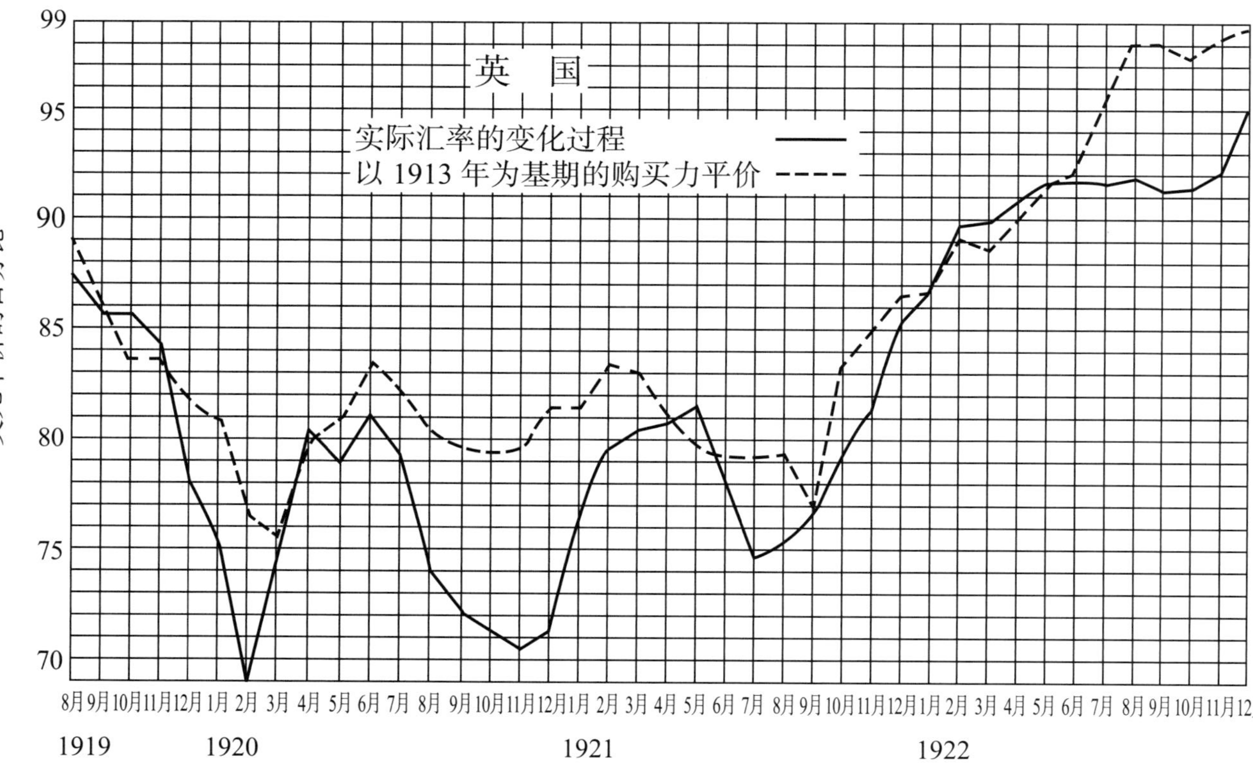

图 3.1　英镑的购买力平价和实际汇率

战争的金融后果是降低了英镑对美元的购买力平价的均衡值，自1913年以来，从降低1个百分点到降低2.5个百分点，假如这个数字没有超过误差（从现有可用的指标中选择一对指数而不是另一对指数所造成的误差）幅度的话①。我们刚开始对美国债务支付利息，那么它将会产生怎样的影响呢？我们将静观其变。

图3.1清楚地显示了汇率对于季节性影响因素的敏感性，而购买力平价受这些因素的影响自然较少，法国和意大利的情况也是如此。

法国的情况（见图3.2）是曲线在1919年年末汇合，1920年分 83
离，1921年年中再次汇合并一直保持到1922年年末新的分离出现。

表3.1　英国和美国的价格指数、购买力平价和汇率 84

1913年平价的百分比	价格指数		购买力平价[c]	实际汇率（月平均）
	英国[a]	美国[b]		
1919				
8月	242	216	89.3	87.6
9月	245	210	85.7	85.8
10月	252	211	83.7	85.9
11月	259	217	83.8	84.3
12月	273	223	81.7	78.4
1920				
1月	289	233	81.0	75.6
2月	303	232	76.7	69.5
3月	310	234	75.6	76.2
4月	306	245	80.1	80.6
5月	305	247	81.0	79.0
6月	291	243	83.5	81.1
7月	293	241	82.3	79.4
8月	288	231	80.2	74.2

① ［然而，如果在下面的表格中我用贸易委员会（Board of Trade）或者统计学人的指标数据代替经济学人的指数数据，那么不利于英国的‘交易方程式’的轻微恶化假设将在某种程度上得到加强。］

续表

1913 年平价的百分比	价格指数		购买力平价[c]	实际汇率（月平均）
	英国[a]	美国[b]		
9 月	284	226	79.6	72.2
10 月	266	211	79.3	71.4
11 月	246	196	79.7	70.7
12 月	220	179	81.4	71.4
1921				
1 月	209	170	81.4	76.7
2 月	192	160	83.3	79.6
3 月	189	155	82.0	80.3
4 月	183	148	80.9	80.7
5 月	182	145	79.7	81.5
6 月	179	142	79.3	78.0
7 月	178	141	79.2	74.8
8 月	179	142	79.3	75.1
9 月	183	141	77.0	76.5
10 月	170	142	83.5	79.5
11 月	166	141	84.9	81.5
12 月	162	140	86.4	85.3
1922				
1 月	159	138	86.8	86.8
2 月	158	141	89.1	89.6
3 月	160	142	88.7	89.9
4 月	159	143	89.9	90.7
5 月	162	148	91.4	91.4
6 月	163	150	92.0	91.5
7 月	163	155	95.1	91.4
8 月	158	155	98.1	91.7
9 月	156	153	98.1	91.1
10 月	158	154	97.4	91.2
11 月	159	156	98.1	92.0
12 月	158	156	98.7	94.6
85 1923				
1 月	160	156	97.5	95.7
2 月	163	157	96.3	96.2
3 月	163	159	97.5	96.5
4 月	165	159	96.4	95.7

续表

1913 年平价的百分比	价格指数		购买力平价[c]	实际汇率（月平均）
	英国[a]	美国[b]		
5 月	164	156	95.1	95.0
6 月	160	153	95.6	94.8

a 《经济学人》指数。　b 修正后的美国劳工部指数。

c 美国劳工部指数与《经济学人》指数之比。

表 3.2　法国和美国购买力平价和实际汇率 86

1913 年平价的百分比	购买力平价[a]	实际汇率	1913 年平价的百分比	购买力平价[a]	实际汇率
1919			1921		
8 月	62	66	8 月	43	40
9 月	58	61	9 月	41	38
10 月	55	60	10 月	43	38
11 月	53	55	11 月	42	37
12 月	52	48	12 月	43	40
1920			1922		
1 月	48	44	1 月	44	42
2 月	44	36	2 月	46	45
3 月	42	37	3 月	46	47
4 月	41	32	4 月	46	48
5 月	45	35	5 月	44	47
6 月	49	41	6 月	46	45
7 月	48	42	7 月	48	43
8 月	46	37	8 月	47	41
9 月	43	35	9 月	46	40
10 月	42	34	10 月	46	38
11 月	43	31	11 月	44	35
12 月	41	30	12 月	43	37
1921			1923		
1 月	42	33	1 月	40	34
2 月	42	37	2 月	37	32
3 月	43	36	3 月	37	33
4 月	43	37	4 月	38	35
5 月	44	43	5 月	38	34
6 月	44	42	6 月	37	33
7 月	43	40			

a 美国劳工部指数与法国官方批发指数之比。

表 3.3　意大利和美国购买力平价和实际汇率

1913 年平价的百分比	购买力平价[a]	实际汇率	1913 年平价的百分比	购买力平价[a]	实际汇率
1919			1921		
8 月	59	56	8 月	26	22
9 月	56	53	9 月	24	22
10 月	54	51	10 月	24	20
11 月	50	44	11 月	24	21
12 月	49	40	12 月	23	23
1920			1922		
1 月	46	37	1 月	24	23
2 月	42	29	2 月	25	25
3 月	38	28	3 月	27	26
4 月	36	23	4 月	27	28
5 月	38	27	5 月	28	27
6 月	40	31	6 月	28	26
7 月	39	30	7 月	28	24
8 月	37	25	8 月	27	23
9 月	34	23	9 月	26	22
10 月	32	20	10 月	26	22
11 月	30	19	11 月	26	23
12 月	28	18	12 月	27	26
1921			1923		
1 月	26	18	1 月	27	26
2 月	26	19	2 月	27	25
3 月	26	20	3 月	27	25
4 月	25	24	4 月	27	26
5 月	27	27	5 月	27	25
6 月	28	26	6 月	26	24
7 月	27	24			

a　美国劳工部指数与意大利“Bachi”指数之比。

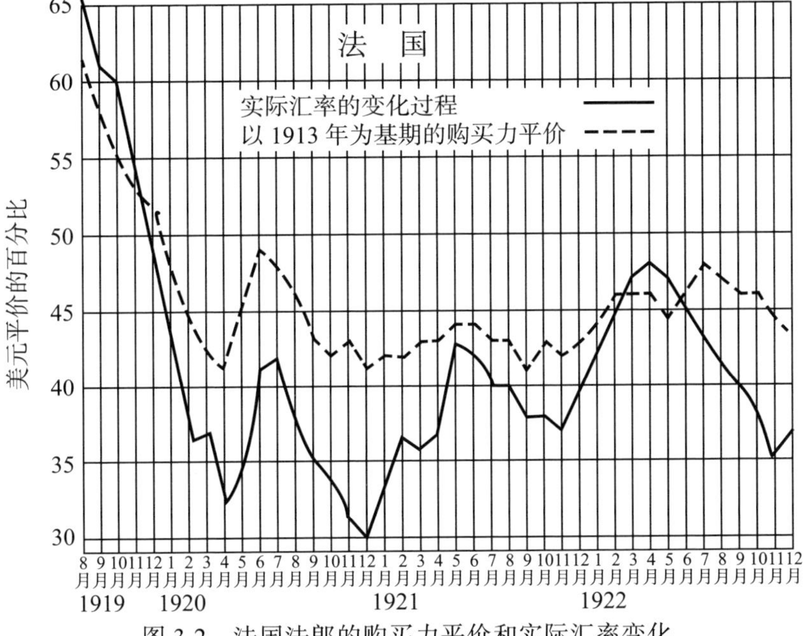

图 3.2　法国法郎的购买力平价和实际汇率变化

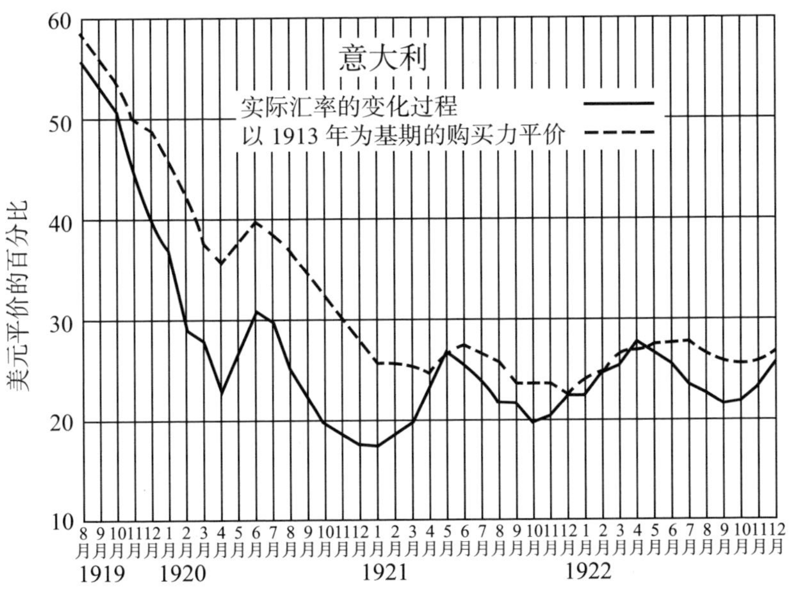

图 3.3　意大利里拉的购买力平价和实际汇率变化

意大利的情况（见图 3.3）可能比较出乎意料，汇率和购买力平价之间的关系特别稳定，尽管在法国和英国，有迹象表明战争可能会导致均衡点小幅下降 10 个百分点[①]；以 1913 年为基期所计算出的购买力平价几乎总是处于实际汇率以上。意大利的曲线显著地表明货币的国外和国内购买力是如何一起下降的，在那个时候起作用的主要影响因素是由于通货膨胀所导致的通货逐渐贬值。

这些曲线和表格的主要作用在于给上述的一般理论提供经验支持，即便是在停战协定签订以来就一直存在的反常情况下。在此期间，由于货币的通货膨胀所导致的法国和意大利相对价格水平的变动要比“交易方程式”的任何变动（“交易方程式”变化超过 10% 或 20% 都是很惊人的）都要大，因此比起其他因素，它们的外汇受到与其他国家国内价格政策相关的本国国内价格政策的更多影响；结果证明购买力平价理论解释力较好，哪怕它以粗糙的形式出现。

第三节　季节性波动

由此，购买力平价理论告诉我们，由于受“交易方程式”中的变量变动的调节，两国货币间汇率的变动倾向于和两国国内价格水平（以各自货币表示的）的变动非常接近。因此可以通过降低一国
88 相对于另一国的国内价格水平的金融政策，使汇率朝着有利于本国的方向改进。另一方面，具有提升国内价格水平效应的金融政策迟

① ［使用任何其他意大利指标数据都将凸显这一迹象。本节前面给出的美国价格表证实了美国和作为一个整体的世界其他地方的“交易方程式”朝着有利于前者的方向移动了 10 个百分点。］

早会压低汇率。

一般来说我们容易得出如下结论，而且其正确性也是有保证的。即由累进的通货膨胀所弥补的预算赤字不可能使一国汇率稳定下来；并且因为这个原因，停止货币数量的增长成为成功尝试稳定汇率的必要先决条件。

然而，这个观点经常被进一步加以发挥，据认为，如果对一国的预算、通货、外贸和国内外价格水平进行适度调节的话，那么其汇率将自动地稳定下来[1]。因此，只要汇率在波动，这本身就表明试图稳定汇率为时过早。另一方面，当稳定性所要求的基本条件具备时，汇率将自行稳定下来。总之，在短期，任何精心准备的和人为的稳定计划都将是南辕北辙。通过健全的预算和央行利率政策来进行通货监管，这才是需要引起重视的。宣布货币可兑换应当是这个进程中的最后也是最高阶段，这和宣布既成事实相差无几。

这种推理模式有一定的说服力。但是它在一个重要方面是错误的。

即使外贸能得到恰当地调节，并且一国的国外账户的债权和债 89
务在全年总体上是均衡的，但这并不能说明它们每天都是均衡的。事实上，众所周知，进口大量农产品的国家发现在全年时间内均匀购买并不方便——如果只是想确保所需要的农产品的数量和质量

① 埃斯特科特博士（Dr. R.Estcourt）在批评我1922年6月12日发表在《编年史》（*The Annalist*）上的一篇文章时指出：“这样的安排不能持续可观的一段时期，除非作为先决条件，政府采取必要的措施来平衡预算。如果这样做了，所谓的迅速稳定就变得不必要了；汇率将使自身稳定在战前水平。”这段话大胆地给出了一种当时为人们所普遍认同的观点。

的话，他们宁可在秋季进行集中购买[1]。因此，为了与全年的均衡保持一致，工业国倾向于在一年的后半段为购买农产品向农业国负债，而在来年的前半段予以偿还。满足信用的季节性需求，将对贸易的干扰降到最低，这在战前被认为是国际银行的一项重要职能；在收取一定的手续费后，从一地到另一地的短期信用季节性转移就可以实现。

让这项信用服务变得更便宜是有可能的，因为货币的可兑换提供了确定性，而为它支付的价钱不需要包含应对风险的大量条款。
90 在临时发生债务的国家，一个更高的贴现率，加上在黄金输送点以内汇率的小幅变动所带来的小额外汇利润，足以满足国际收支均衡的需要。

但是，现在是个什么情况呢？国际收支必须一如既往地每天平衡。贸易余额像以前一样不均匀地分布在全年。正如前文所述，以往每日的平衡由银行资金的流动来调节。但现在不再单纯是银行

① 尽管季节性压力是公认的事实，但对其的准确分析稍微有些复杂。比如，每年第三和第四季度抵达英国的食品要比第一和第二季度的多出近 10%，并在第四季度达到其最大值。（这些和下面的数据都是基于剑桥和伦敦经济服务组织根据战前 1901—1913 年英国统计数据所计算出的平均值。）原材料进口在第四和第一季度要比第二和第三季度多 20%，并在从头年 11 月至次年 1 月这三个月中达到最大值。因此一年当中的第四个季度成为食品和原材料进口的高峰期。另一方面，制造品出口在全年中分布得更加均匀，在最后一个季度也比较正常。考虑到进口商品一般在到货前付款的现实情况，这些付款日期与美元对英镑汇率所实际经历的季节性压力时期非常接近。战争之后，法国在一年最后一个季度的进口似乎要比第一季度多出 50%。在意大利，第三季度貌似是最悠闲的，而第四季度是一个相对繁忙的时期。当我们转向美国的统计数据时，我们发现了另外一种场景。8 月和 9 月是集中出口小麦的月份，10 月到次年 1 月是出口棉花的日子。美元汇率在早秋时节的走强由于美国在收割庄稼时期所遭受的财政压力而得到进一步的提高，这导致资金从国外向纽约的回撤。

的事情了，因为通过套利就能恰当和充分地获取利润。如果银行家将信用暂时从一国转移到另一国，他不能确定稍后他将以怎样的汇率再把它们带回来。即使他对汇率的可能走向有自己的判断，他的利润和以往一样也不是事先可以明确计算出来的；他从经验中得知，汇率不可预见的变化可能会使他遭受巨大的损失；他的预期利润必须和他承受的风险相称。即使他认为风险可以从预期利润中得到弥补，银行家也不能大规模地承受这种风险。事实上，信用需求的季节性调节不再成为银行套汇业务，需要的是投机性金融服务。

因此，在现行条件下，即使年度账目是平衡的，在每日账目能够平衡之前出现汇率的大幅波动可能是必要的。以前的银行家可能随时将数百万美元汇出或汇入纽约，而现在最大的机构最多也只愿意拿几十万去冒险。汇率必然下降（也可能上升），直到投机金融家有足够的信心认为，介入交易可以赚取大量的利润，或者被交易汇率报价吓倒的商人决定放弃在一年中的那个特定季节购买的便利，推迟其部分购买。由于受到官方和银行势力的阻碍，职业外
汇投机商的服务供给通常是不足的，因此需要为其支付高价，同时 91
交易也受到相应费用的阻碍，只要交易者继续在一年中最为方便的季节购买其货物。

因此，过去三年一直困扰着贸易的汇率波动在多大程度上是季节性的，它不是由于持续的或不断扩大的非均衡，而**仅仅**是由于固定汇率的缺失所造成的，在我看来，这一点还不太清楚。

在整个 1919 年，由于在战争期间就存在的内部联盟安排的终结，主要欧洲国家的汇率遭遇了严重下挫。1922 年，与季节因素影

响无关的英镑汇率上涨。1923 年间，由于法国国内财政和国外政策的某些持续性特点导致了法郎汇率的非季节性崩溃。但从下表可以看出，自 1919 年秋季开始的四年间波动在多大程度上是周期性的。

美元平价百分比

8 月—次年 7 月	英镑		法郎		里拉	
	最低	最高	最低	最高	最低	最高
1919—1920	69	88	31	66	22	56
1920—1921	69	82	30	45	18	29
1921—1922	73	92	37	48	20	28
1922—1923	90	97	29	41	20	27

依照过去三年的经验，法郎和里拉在 4 月和 5 月表现最佳，在 10 月到 12 月表现最差。英镑的变动没那么确切，最佳表现大约出现在 3 月到 6 月之间，最差在 8 月到 11 月之间。

每年的最高和最低报价的相对稳定性十分引人注目，意大利在这方面表现得尤为明显。这说明设定在某一平均数的稳定政策本
92 应该是行得通的；而另一方面，最高和最低价格间的巨大差异是对贸易遭受的损失和干预的一种度量。

这些结果与季节性贸易的事实如此吻合，以致我们可以确定地把大多数月份之间的重大汇率变动归因于贸易支付的实际压力而不是投机。的确，预见到变动的投机者倾向于使这些变动相对于其他情况下较早发生，但是通过将压力更均匀地分配在全年中，造成的影响却是减少波动的绝对量。通常的观点过高地估计了外汇投机者仅仅在政治或情感考虑的激励下行动的影响。投机者的影响在短时期内能够被消除；政治事件仅能对汇率施加持久性的影

响，只要它们改变国内价格水平、贸易量或者一国在国际市场上借款的能力。没有在很大程度上影响这些事实的政治事件，不能仅仅通过其对情感的影响而对汇率施加持久性的影响。这个判断的唯一重要例外是在外国人在较大范围内对一国货币进行一项长期投机性的投资时才会出现，就像德国马克的例子那样。但是这样的投资和在国外借款是可比的，并且施加了一种完全不同于投机交易的影响，后者的开始只是为了短期后的结束。而且由于利差迟早会减小，即便对货币的投机性投资也不能长久地阻止汇率达到由贸易和相对价格水平条件所促成的均衡。

因此，纯粹的季节性波动不会干预那些决定汇率最终均衡位置的力量，然而日常汇率的稳定性不能仅仅由在这些潜在的条件下存在稳定性的事实所维持。银行家也应该对这个稳定性有一个足够确定的预期，以引起他们对市场每日和季节性波动的关注，从而获得适度的佣金回报。

近来的经验表明，他们实际上未必有充足的信心怀有这样的预期而随后采取行动，即便潜在的事实证实了预期——除非得到中央权力机构（银行或政府）的支持来运用所有他们的资源使汇率水平保持在一个确定的数字上。目前公布的官方政策是要把法郎和里拉拉回到票面价值，所以促成这些货币币值下降的操作没有脱离危险。另一方面，还没有采取措施使这一政策生效，法国和意大利的国内金融条件表明它们的汇率可能变得更糟糕。因此，既然没有人对汇率将变得更好或者更糟有充分的信心，那么在金融家进入之前必定存在巨幅的波动——他们完全出于自利动机来平衡围绕着不可预测的均衡点变化的逐日波动和逐月波动。

因此，如果汇率没有通过政策来加以稳定，那么它们自身永远都不能达到均衡。随时间的推移和经验的积累，波动可能比现在要小。投机者可能更早一点进入，出口商可能尽量更均匀地在全年分配他们的需求。但即便如此，旺季和淡季间的汇率差异也会十分显著，直到工商界确切地知道汇率将稳定在什么水平。因此，即便不能确定汇率在长期是处于上升还是下降的趋势，汇率（包括英镑对美元的汇率）的季节性波动也是不可避免的，除非中央权力当局采取特殊的措施来阻止这种波动，例如确保货币可兑换或其他措施。

第四节　远期外汇市场[①]

当一个商人用外币买卖商品时，交易并不总是[②]立刻用现金或是可转让票据结算的。在他买进或卖出外币到正式交割前的这段时间，他面临着汇率风险，损失或所得常常会使他的商业利润变得无法预测。他由此非自愿地承受了一种他能力范围外的重大风险[③]。我们接下来讨论的主题是涉及一种[④]金融工具，这就是与即期汇率不同的远期外汇市场，它能让商人规避这种风险——不是在他进行合约谈判的过程中，而是一旦谈判达成[⑤]之后。

① 在本节，除特殊标明的外，行文遵照1922年4月20日发表的《交易所的期货市场》。

② 本书用“总是”代替了原文中的“一般说来”。

③ 原文本段结尾还有以下这句话：“这就是为什么把混乱的汇率作为贸易复兴失败的主要原因。”

④ 原文此句另起一自然段，开头半句为“本文要讨论的是一种”。

⑤ 本书用一个短语“as soon as”代替了原文中的时间副词“immediately”。

即期外汇交易指的是将一种货币交换成另外一种货币的现金形式。但是以外币购买并等待未来交付商品的商人在等待商品交付期间可能并没有可用的现金；而以外币售出商品但尚未卖出买方汇票的商人，即使他们有充足的本币现金，也不能免受即期外汇交易的影响，除非他们恰巧也有可用的外币现金。

远期合约[1]是以未来某个日期的汇率——以初始日期的汇率为基础——完成“即期”交易。在远期契约到期之前不需要有现金流 95
动（当然，契约方可能被要求缴纳一部分保证金或其他证据以证明其按时履行合约的能力），所以有远期契约的商人不需要像承受外汇风险时那样在货物交付之前就筹集现金，同时他还避免了受那段时间内汇率涨落的影响。

表 3.4 表明，在伦敦这样一个对外汇（美元、法郎、里拉）[2]有很大需求的市场上，交易商之间的竞争会使得相关费用或这些金融工具的价格降低到一个相当合适的水平。在 1920 至 1921 年间[3]，对于一位要购买法郎、里拉和马克的英国商人来说，远期交易的成本要比即期交易高一些；但如果是买美元的话，则要便宜一些。相应地[4]，法国、意大利和德国的商人购买英镑或美元进行远期交易一般会比进行即期交易便宜一点——也就是说，如果他们在伦敦购买

① 在原文中，此句之前还有一句话：“为解决这些难题，设计出了‘远期’市场这一工具”。

② 原文中还有马克。

③ 原文这句话是这样说的：“一般说来，在过去两年中”。

④ 本书用“相应地”代替了原文中的“另一方面”。

的话。对于其他国家的收费水平，我掌握的信息可能不够全面[①]，但是例如在米兰，对于远期英镑的出售者而言，进行这些交易的条
96 件要比在伦敦差很多。1922 年[②]，由于较为复杂的原因，伦敦市场上的货币逐步贬值，使得进行远期交易的英国外币购买者的成本下降，远期法郎相对于即期法郎大幅贴水，远期美元在年末变得比即期美元便宜。后来，正如所预料的那样，1923 年 6 月的央行利率上调使得货币币值发生了相反方向的变化。

借助下列反映伦敦市场上自 1920 年初以来的外汇报价的表

① 原文中紧随其后的一句话是“但是我在下面给出的米兰的远期英镑报价表明”，本书则是“但是例如在米兰，它表明”。米兰报价如下：

米兰每月最后一天 1 月期英镑远期贴水（或里拉远期升水）为：

	1 月期英镑远期贴水	对应的年度百分比
1921		
1 月	1.1（里拉）	12.6
2 月	2.4	27.2
3 月	1.5	18.8
4 月	1.5	22.2
5 月	0.65	10.2
6 月	0.80	12.7
7 月	0.55	7.8
8 月	0.225	3.2
9 月	0.21	2.3
10 月	0.15	1.9
11 月	0.25	3.1
12 月	0.35	4.3
1922		
1 月	0.65	8.1
2 月	0.6	8.7
3 月（23）	0.3	4.2

② 原文中没有出现本段剩下的部分。凯恩斯在原文中是以下面这句话结束本段的：“如果有哪位读者有近期欧洲远期交易费率的相关数据并愿意送给我的话，我将不胜感激。”

格，我们来继续深入我们的讨论。在 1920 至 1921 年期间[①]，对于一位伦敦购买者来说，远期美元一般都比即期美元每年便宜 1% 到 1.5%。但当偶尔发生大的汇率变动时，美元的远期贴水会在短时间内变得很高，比如在 1920 年 11 月，当英镑达到其历史最低点时，美元远期贴水就升高到接近 6%，其中的原因我将在后文予以说明。在 1922 年上半年[②]，美元的远期贴水下降了，但在后半年又上升了，在 1923 年中期伦敦的货币利率小幅上升后又有所下降。因此[③]，一位承诺用美元购买商品的伦敦商人不仅能够通过远期交易来弥补其汇率风险，而且一般说来他还通过提前行动得到了更为便宜的外汇。

表 3.4　伦敦 1 个月期远期汇率报价表[④]

日期	纽约			巴黎		
	即期	1 个月远期（美分）	每年的差异百分比	即期	1 个月远期（生丁）	每年的差异百分比
1920						
1 月	3.79	$+\frac{3}{8}$	+1.2	40.90	+6	+1.7
2 月	$3.48\frac{7}{8}$	$+\frac{1}{4}$	+0.9	46.90	+4	+1.0
3 月	$3.41\frac{3}{8}$	$+\frac{1}{4}$	+0.9	48.55	+3	+0.7
4 月	$3.90\frac{3}{4}$	$+\frac{3}{8}$	+1.2	57.80	+3	+0.6
5 月	$3.82\frac{7}{8}$	$+\frac{1}{2}$	+1.6	64.04	+1	+0.18
6 月	$3.89\frac{15}{16}$	$+\frac{3}{8}$	+1.2	50.45	−5	−1.2
7 月	$3.96\frac{1}{8}$	$+\frac{5}{8}$	+1.9	47.05	−10	−2.8
8 月	3.67	$+\frac{1}{2}$	+1.6	49.00	−10	−2.4

① 本书用“在 1920 至 1921 年期间，远期美元”代替了原文中的“看起来”。

② 原文中没有这句话。

③ 原文和本书将“不但”一词放置在不同的位置，一个靠前，一个靠后一些。

④ 1920年每个月的第一天，1921年每月的第一个周三，以后年份的都是每月第一个周五。

续表

日期	纽约			巴黎		
	即期	1个月远期（美分）	每年的差异百分比	即期	1个月远期（生丁）	每年的差异百分比
9月	$3.56\frac{7}{8}$	$+\frac{1}{2}$	+1.7	$51.22\frac{1}{2}$	−5	−1.2
10月	$3.48\frac{5}{16}$	$+\frac{1}{2}$	+1.7	52.10	−10	−2.3
11月	$3.44\frac{3}{8}$	$+1\frac{5}{8}$	+5.7	54.45	−15	−3.3
12月	3.49	$+\frac{1}{2}$	+1.7	57.45	−15	−3.2
1921						
1月	$3.58\frac{3}{8}$	$+\frac{3}{8}$	+1.3	$61.07\frac{1}{2}$	−30	−5.9
2月	$3.84\frac{3}{4}$	+1	+3.1	54.50	−20	−4.4
3月	$3.88\frac{3}{8}$	$+\frac{7}{8}$	+2.7	54.40	−27	−5.9
4月	3.92	$+\frac{3}{8}$	+1.1	$55.37\frac{1}{2}$	−15	−3.3
5月	3.98	$+\frac{1}{2}$	+1.5	$50.22\frac{1}{2}$	−12	−2.9
6月	$3.90\frac{5}{8}$	$+\frac{3}{4}$	+2.3	46.35	−10	−2.6
7月	$3.71\frac{15}{16}$	$+\frac{5}{8}$	+2.0	$46.72\frac{1}{2}$	−10	−2.6
8月	$3.56\frac{3}{8}$	$+\frac{1}{2}$	+1.7	$46.77\frac{1}{2}$	+2	+0.5
9月	$3.71\frac{5}{8}$	$+\frac{3}{8}$	+1.2	$48.68\frac{1}{2}$	+3	+0.7
10月	$3.76\frac{1}{8}$	$+\frac{1}{2}$	+1.6	$52.27\frac{1}{2}$	+1	+0.2
11月	$3.92\frac{1}{16}$	$+\frac{7}{8}$	+2.7	53.44	+4	+0.9
12月	$4.08\frac{5}{16}$	$+\frac{3}{8}$	+1.1	54.24	+2	+0.4
1922						
1月	$4.20\frac{1}{8}$	$+\frac{1}{8}$	+0.4	$52.32\frac{1}{2}$	平价	·
2月	$4.30\frac{1}{2}$	平价	·	$51.62\frac{1}{2}$	平价	·
3月	4.42	平价	·	48.45	平价	·
4月	4.39	平价	·	48.15	−1	−0.25
5月	$4.44\frac{1}{2}$	平价	·	48.47	+1	+0.25
6月	$4.46\frac{3}{4}$	$+\frac{3}{16}$	+0.5	49.00	+2	+0.49
7月	$4.44\frac{3}{4}$	$+\frac{1}{16}$	+0.17	56.20	+8	+1.8
8月	$4.45\frac{1}{4}$	$+\frac{3}{16}$	+0.5	54.10	+10	+2.21

续表

98

日期	纽约			巴黎		
	即期	1 个月远期（美分）	每年的差异百分比	即期	1 个月远期（生丁）	每年的差异百分比
9 月	4.46	$+\frac{3}{8}$	+1	57.40	+3	+0.63
10 月	4.42	$+\frac{1}{4}$	+0.68	58.25	+3	+0.62
11 月	$4.46\frac{1}{2}$	$+\frac{5}{8}$	+1.68	64.65	+14	+2.59
12 月	$4.51\frac{3}{4}$	+1	+2.65	64.30	+8	+1.49
1923						
1 月	$4.64\frac{3}{4}$	$+1\frac{1}{4}$	+3.23	66.40	+5	+0.9
2 月	4.67	$+\frac{7}{8}$	+2.25	75.50	+16	+2.54
3 月	$4.70\frac{5}{8}$	+1	+2.55	77.50	+11	+1.70
4 月	$4.66\frac{7}{8}$	$+\frac{3}{4}$	+1.93	70.40	+5	+0.85
5 月	$4.62\frac{1}{2}$	$+\frac{15}{16}$	+2.43	69.35	+5	+0.86
6 月	$4.62\frac{3}{4}$	$+\frac{7}{8}$	+2.27	71.60	+5	+0.84
7 月	$4.56\frac{1}{2}$	$+\frac{1}{2}$	+1.31	78.35	+4	+0.61
8 月	4.57	$+\frac{1}{4}$	+0.66	79.20	+9	+0.60

在经历比即期交易贵 2.5%，甚至在 1920 年年中到 1921 年年中比即期交易贵更多[①]之后，远期法郎的购买价格在 1921 年年中到 1922 年年中基本保持持平，尽管自此之后远期要比即期便宜 0.5% 到 2.5%。里拉的变化范围则更大[②]，远期的购买价格经常[③]比即期的贵 3 个百分点甚至更多。就德国马克而言[④]，在经历过比即

① 原文后半部分是这样的："近来价格基本持平，有时甚至还要便宜一些。"

② 原文和本书在此处进行了一个时态的切换，原文用的一般现在时，本书用的现在完成时。

③ 原文后半部分是这样写的："比即期的每年贵大约 6%，尽管近来差异在缩小。"

④ 原文中的这句话是这样的："就德国马克而言，在经历过一段时间的大幅波动后，远期购买价格近来与即期之间的差距收缩到 5% 甚至更小。"

期汇率每年贵大约 5% 后，远期汇率自 1922 年秋以及马克的完全崩溃以来就变得非常便宜，这反映了当前德国国内短期贷款的绝佳利率水平。

99 表 3.5 伦敦 1 个月期远期汇率报价表

日期	意大利			德国		
	即期	1 个月远期（里拉）	每年的差异百分比	即期	1 个月远期（马克）	每年的差异百分比
1920[a]						
1 月	50	$-\frac{1}{8}$	−3.0	187		
2 月	55	$-\frac{1}{8}$	−2.7	305		
3 月	$62\frac{3}{4}$	$-\frac{1}{4}$	−4.7	337		
4 月	$80\frac{1}{2}$	$-\frac{1}{4}$	−3.7	275		
5 月	83	$-\frac{1}{2}$	−7.1	$218\frac{1}{2}$	−1	−5.5
6 月	$66\frac{3}{8}$	$-\frac{1}{2}$	−9.1	$150\frac{1}{2}$	−1	−8.0
7 月	$65\frac{3}{8}$	$-\frac{1}{2}$	−9.2	150	$-\frac{1}{2}$	−4.0
8 月	70	$-\frac{1}{2}$	−8.5	$160\frac{1}{2}$	−1	−7.5
9 月	$76\frac{1}{4}$	$-\frac{1}{2}$	−7.9	176	$-\frac{1}{2}$	−3.4
10 月	$83\frac{9}{16}$	$-\frac{1}{2}$	−7.2	215	−1	−5.6
11 月	$93\frac{11}{16}$	$-\frac{1}{2}$	−6.4	$266\frac{1}{2}$	$-\frac{1}{2}$	−2.2
12 月	$94\frac{13}{16}$	$-\frac{1}{2}$	−6.3	$241\frac{1}{2}$	−1	−4.9
1921						
1 月	$104\frac{3}{8}$	平价	·	$269\frac{1}{2}$	−2	−8.9
2 月	$105\frac{1}{2}$	$-\frac{3}{4}$	−8.5	$243\frac{1}{2}$	−1	−4.9
3 月	$106\frac{1}{2}$	$-\frac{5}{8}$	−7.0	$243\frac{1}{2}$	−1	−4.9
4 月	$92\frac{1}{4}$	$-\frac{1}{2}$	−6.5	$239\frac{1}{2}$	−2	−10.0
5 月	$81\frac{3}{8}$	$-\frac{5}{8}$	−9.1	$262\frac{1}{2}$	$-1\frac{3}{4}$	−8.0
6 月	$73\frac{11}{16}$	$-\frac{1}{2}$	−8.1	$245\frac{1}{4}$	$-1\frac{1}{2}$	−7.3
7 月	77	$-\frac{1}{2}$	−7.8	$279\frac{1}{2}$	$-1\frac{1}{2}$	−6.45
8 月	$85\frac{1}{16}$	$-\frac{1}{4}$	−3.5	286	−1	−4.2

续表

日期	意大利			德国		
	即期	1个月远期（里拉）	每年的差异百分比	即期	1个月远期（马克）	每年的差异百分比
9月	$85\frac{9}{16}$	$-\frac{3}{8}$	−5.2	$347\frac{1}{2}$	$-1\frac{1}{2}$	−5.1
10月	$94\frac{1}{8}$	$-\frac{3}{8}$	−4.8	471	−5	−12.7
11月	$96\frac{5}{8}$	$-\frac{1}{4}$	−3.1	$764\frac{1}{2}$	$-2\frac{1}{4}$	−3.5
12月	$93\frac{15}{16}$	$-\frac{1}{2}$	−6.4	855	$-1\frac{1}{2}$	−2.1
1922						
1月	$97\frac{1}{8}$	$-\frac{1}{4}$	−3.0	$777\frac{1}{2}$	$-3\frac{1}{2}$	−5.4
2月	$92\frac{1}{2}$	$-\frac{7}{16}$	−5.7	872	$-2\frac{1}{2}$	−3.4
3月	$83\frac{3}{16}$	$-\frac{1}{4}$	−3.6	1,117	$-1\frac{1}{2}$	−1.6
		（基点）				
4月	$83\frac{5}{16}$	−15	−2.16	1,440	− 8	−6.6
5月	83	−10	−1.45	1,270	$-\frac{1}{2}$	−0.47
6月	$85\frac{7}{8}$	−3	−0.41	1,222	平价	·
7月	100	平价	·	2,320	+5	−2.59
8月	96	平价	·	3,175	+20	−7.56
9月	101	−11	−1.31	5,700	名义汇率	·
10月	103	−10	−1.16	9,900	+450	+54.54
11月	106	−8	−0.91	26,250	+6,000	+274.3
12月	$93\frac{3}{4}$	−20	−2.56	35,000	+5,500	+188.58

但是在所有上述例子中（由于马克的完全崩溃，所以将德国除 100
外）[①]，不论远期汇率相对于即期来说是贴水还是升水，进行远期交易的费用（如果有的话）与被规避的风险相比还是[②]很小的。

① 括号里的句子在原文中没有出现。

② 原文和本书在此处进行了一个时态的切换，原文用的一般现在时，本书用的现在完成时。

然而[①]，现实生活中这些商人并没有像预期的那样充分利用这些工具。远期外汇交易的本质并没有得到普遍的理解。报纸上很
102 少有关于汇率的数据。也很少有重要性相似的其他财务话题得到如此之少的讨论和关注。这种情况在战争前是不存在的（尽管即便在那时美元的远期汇率都是按期报出的）[②]，并且是直到1919年主要外汇解除管制后才开始的，所以商界只是[③]刚刚开始去适应。不仅如此，对于普通人来说[④]，进行远期外汇交易似乎[⑤]多少都带一点投机色彩。与曼彻斯特的棉花纺织工人不同（他们从长期的经验中得知，不是对利物浦期货市场上公开棉花价格涨落的防范，而是未能做到如此才是具有投机性的），用外币买卖商品的投资商人并不认为利用远期外汇交易来防止这些间接的汇兑损失是稳健经营的常规做法。

另一方面，不过分夸大这种工具对商人规避风险所起的作用也是很重要的。首先，因为一些将在下文加以讨论的原因，只在某些主要的外汇币种上才能以合理的费用进行这些交易[⑥]。甚至银行本

① 原文在此处加上了半句“调查似乎表明”。

② 本书中括号里的句子在原文中是这样的：“尽管在那时就已经有美元的远期汇率报价”。

③ 原文此句剩下的部分是“只有差不多两年的时间去适应”。

④ 本书用“人”代替了原文中的“大脑”。

⑤ 原文中没有出现“似乎”一词。

⑥ 在原文中，这一段的余下部分是这样表述的：“这里我们要再次感激拥有信息的人提供的准确信息。例如，我还没有获得印度卢比远期交易的详细的汇率行情表，但是，目前可用的信息表明，东方银行（the Eastern banks）对卢比的远期买入的汇率报价最高达到每年12%，而这么高的收费没有任何明白的理由——除非是这种情况：印度正在进行大规模的商务活动，由于伦敦市场的收盘汇率太低而不能承接这些活动。甚至银行本身是否懂得按照公平合理的汇率为客户提供这样的交易对象是他们能够提供的最有用的服务之一，这一点都不清楚。也许，他们害怕这些交易对象同时会增加投机，他们的活动太多地受到这种畏惧的影响。”

身是否懂得按照公平合理的汇率为客户提供这样的交易对象是他们能够提供的最有用的服务之一，这一点都不清楚。也许，他们害 101
怕这些交易对象同时会增加投机。

还有一点不容忽视，即远期交易作为一种规避风险的手段到底价值几何？以特定货币所表示的特定商品的价格[①]并不[②]必然对那种货币在世界外汇市场上的价值变化做出反应，其结果就是一国外贸的变动（一国是一种商品的大卖家或大买家的情况下）可能会改变以黄金衡量的该商品的世界价值。在那种情况下，即便商人防范了汇率方面的风险，他也可能会因为他所交易的商品的世界价值的变动（直接原因就是汇率的波动）而在他未出售的交易存货上遭受损失。

如果[③]我们转向对远期市场的理论分析，那是什么决定了上述这种即期和远期汇率偏离的大小和方向（升水或贴水）呢？

如果对于一位伦敦买家来说，美元对英镑的1个月远期汇率比即期便宜，这表明了市场上的一种总体倾向，即在这个月期间偏好持有美元而不是英镑——这种偏好的程度可以用远期美元贴水来衡量。比如，如果美元对英镑的即期汇率是4.4，而1个月后的远期汇率为$4.40\frac{1}{2}$，那么持有4.4美元的人就可以通过卖掉即期美元

① 原文中这部分是“商品的价格”。

② 本书用单数的“does”代替了原文中复数的“do”。

③ 在原文中，这一段是这样写的：“远期汇率是由什么来决定的呢？让那些对远期市场的理论基础不感兴趣的读者就此打住吧，不用让他们分神去了解决定远期和即期汇率相偏离的大小和方向（贴水或升水）的影响因素。”

并在一个月后买回，从而在月底获得 $4.40\frac{1}{2}$美元，他要做的仅仅就
103 是在这个月期间成为 1 英镑而不是 4.4 美元的主人。他在 1 个月期间赚取半分钱，即相当于获得 1.5% 的年收益率从而诱使他做这笔交易的事实表明，市场在这个月期间偏好持有美元而不是英镑。

相反地，如果对于一位伦敦买家而言，法郎、里拉和马克的 1 个月远期汇率比即期要贵，这表明市场偏好持有英镑而不是法郎、里拉和马克。

在外汇风险得以覆盖的条件下，即期和远期汇率的差异准确地反映出货币和外汇市场的偏好，即持有一国而不是另一国的货币。那么，决定这些偏好的因素是什么呢？

1. 最基本的因素就是“短期”货币可获得的利息[①]率——短期货币是指在利率可比的条件下两个国际中心（或两个国家）货币市场上的短期借款或存款。如果在纽约借出美元 1 个月可以获得 5.5% 的年利率，而在伦敦借出英镑 1 个月仅可获得 4% 的利率，这样前文所述的持有美元而不是英镑的偏好就很好解释了。也就是说，对于较贵货币的 1 个月远期报价倾向于比即期报价便宜，便宜的百分比与在这两个利率不同的市场上 1 个月所能赚得的利息差
104 额的百分比相当[②]。必须注意的是，短期内可获得的利率影响重大，因此，由于缺少有组织的货币市场或该市场发展不良从而导致很难在较短时间内借出货币的国家，即便其长期利率并不低，也会被看

① 原文中没有出现“利息”一词。

② 本书用“比即期报价便宜的百分比等于”代替了原文中“对即期报价的贴水程度可以用……来衡量”。

作是一个低利率市场。这种考虑往往使得纽约和伦敦比其他世界中心成为更具有吸引力的短期货币的市场。

前文表格中外币远期报价相对于即期报价的下降显著反映出这一点，即从 1922 年中期到 1923 年中期伦敦利率的下降对伦敦作为资金聚集地城市产生的负面影响。比如，1923 年年初，美元的远期报价比即期报价高出每年 3 个百分点（也就是说美元对英镑的远期汇率要比即期汇率便宜 3%），这表明纽约的短期贷款有效利率要比伦敦高出了 3 个百分点（受制于下文所提及的其他影响因素所导致的变化）。

在法郎远期报价低于即期报价的例子中，只要英镑变贵，法郎远期报价就要超过即期报价，从而表明英镑相对于法郎的变贵消失了；而在里拉远期报价的例子中，尽管仍然比即期要低，但在相同的影响下，远期报价会上升到与即期持平的水平。但在这两种情况下，看空这些货币的未来表现也可能起到了一定的作用，原因会在后文详细给出。

然而，最有趣的数据是和马克相关的数据，它们生动地展现了
我在前文提到的 1922 年 10 月马克崩溃之后德国很高的名义利率， 105
这是在普遍预期到马克这种货币单位的灾难性崩溃下而做出的维持实际利率为正的努力所造成的。需要注意的是，马克的有效短期货币利率达到了每年 50% 甚至更高，直到后来报价仅仅变为一种名义报价。

2. 如果不涉及信誉问题，短期贷款的利率[1]将会是主要的影响

① 本书用“短期贷款利率因素”代替了原文中的“上述因素”。

因素。正如在伦敦和纽约所看到的那样，当前条件下的情况的确如此。伦敦和巴黎也一样。但在其他地方，由于战争所留下的各种财政和政治风险的不确定性，另一种因素浮出水面——有时其重要性甚至超过了利率。财政困难或政治骚乱，遇到麻烦时极可能出现的延期付款，或者是突然出台干预外汇结余流往国外的外汇管制，有时候甚至发生偶发事件——采取停止货币流通的激进措施，所有这些因素都会使银行家踌躇不前，使他们不敢以某种外币保持大量的可流动的现金余额，即使可能存在的汇率风险得以消除也一样。这类风险让工商业活动不再建立在对利率的数学计算上；它们以其可能造成的巨大不利影响抹掉了得自利率差异的小甜头和正常的银行家佣金；由于不可测算，它们甚至有可能让比较保守的银行家以任何可能的价格大规模地从业务中退出。在罗马尼亚和波兰的例子中，上述因素有时可能才是最主要的因素[①]。

3. 还有一个比较重要的因素。我们到目前为止一直假设远期
106 汇率被固定在这样一个水平：交易商或银行家可以通过同时发生的即期交易来规避风险，并且为自己付出的辛劳留下一笔合理的利润。但是，并不是每一笔远期交易都需要通过相应的即期交易来规避风险；也可能将远期卖出与对相同货币的远期买进相“结合”。例如，当市场上的一些客户想卖出远期美元时，另外一些客户可能希望买进远期美元。在这种情况下，市场就可以在其记录册上抵消这两笔交易，从而也不需要任何一方有现金流动了。因此，这第三个因素取决于到底是远期美元的买方还是卖方占据主导地位。为

① 本句在原文中没有出现。

加深印象，让我们假设如下的市场条件：以每年 1.5% 的贴水卖出远期美元的同时买进即期美元，可以实现不赔也不赚。现在，如果在这个条件下，远期美元的购买者（而不是套汇者）超过了远期[1]美元的出售者，那么对远期美元的超额需求就可以由拥有英镑资源的套汇者来满足，以低于每年 1.5% 的贴水（比如低 0.5%）来进行交易就可以为套汇者因此付出的辛劳带来充足的利润。然而，如果远期[2]美元的销售者超过了其购买者，那么前者就必须接受一个足够高的贴水从而让套利反向发生，也就是说拥有美元资源的套汇者可以获得一个超出每年 1.5% 的贴水来进行交易，比如高出 0.5%。因此，根据买卖双方的力量对比，远期美元的贴水率将在每年 1% 和 2% 之间波动。

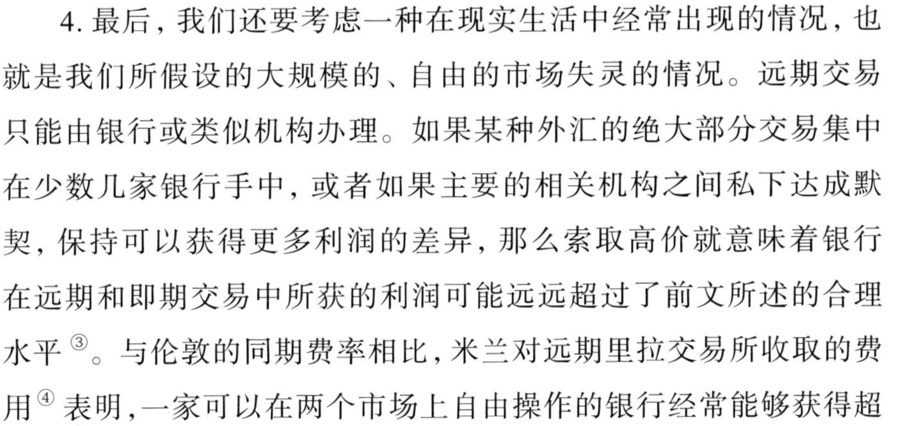

4. 最后，我们还要考虑一种在现实生活中经常出现的情况，也就是我们所假设的大规模的、自由的市场失灵的情况。远期交易只能由银行或类似机构办理。如果某种外汇的绝大部分交易集中在少数几家银行手中，或者如果主要的相关机构之间私下达成默契，保持可以获得更多利润的差异，那么索取高价就意味着银行 107
在远期和即期交易中所获的利润可能远远超过了前文所述的合理水平[3]。与伦敦的同期费率相比，米兰对远期里拉交易所收取的费用[4]表明，一家可以在两个市场上自由操作的银行经常能够获得超

① 本书用“forward”代替了原文中的“future”。

② 同上。

③ 原文中此句后面是这样写的：“例如，如果上文提到的东方银行对印度卢比远期交易所收取的费用是准确的话，这似乎表明有效竞争的条件并不盛行。”

④ 原文此处出现了“如下所示的”一词。费用指的是本节开头第四段出现的内容。

额利润。

还有一种特别重要的情况，即当投机活动异常活跃并且都是朝着同一个方向发生时。必须记住的一点是，正常情况下为赚取即期和远期外汇之间的适度套利利润而随时可以从一地转移到异地的流动资本在数量上绝不是不可穷尽的，而且不总是能充分满足市场的需求。例如，当市场感觉到欧洲对英镑的汇率或者是英镑对美元的汇率显著走强时，卖掉远期英镑或美元的压力就会使得这些货币的远期价格相对于即期价格下降，这意味着对于那些要买进英镑或美元远期而卖出即期的人来说，他们可以获得超额利润。只有当[①]即期和远期之间的高额套利利润[②]吸引[③]新的资本进入时，这种异常的贴水才会消失。因此，少数理解远期外汇理论基本要素的人大赚其钱。比如在 1920 年[④]，当一位即期美元的出售者通过将其美元换成英镑，与此同时通过卖出远期英镑为 1 个月后重新将英镑换回美元做准备[⑤]，他就能够赚到比伦敦短期货币利率高出每年 6% 的
108 利润，甚至在伦敦和纽约都是如此。而根据我所得知的数据[⑥]，在 1921 年 2 月底，通过在米兰卖出即期英镑并在 1 个月后买回，人们是有可能获得一个比 1 个月期现金里拉存款所获利息高出每年 25% 的利润的。

① 本书用“只有当……时才会消失”代替了原文中的“只能由……来治愈”。

② 本书用“套利的”代替了原文中的“给套利者带来”。

③ 本书用“drawn”代替了原文中的“drawing”。

④ 本书用“1920 年时有一次……情况”代替了原文中“近来出现过多次……情况”。

⑤ 原文此处是这样写的：“通过将其美元换成英镑并持有 1 个月”。

⑥ 原文还在此加上了“如下所示的”字眼。数据指的是本节开头部分注释上的数据。

一件有趣且值得注意的事情是：当[1]远期和即期汇率之间的差异短时间内变得反常，从而意味着存在较大的投机活动压力时，投机者的判断通常被证明是对的。例如，从1920年11月持续到1921年2月的远期美元反常走低（从而意味着英镑市场向好）与英镑同期从3.45强劲上升到3.90不谋而合。当英镑触底时贴水达到其最大值，而当英镑摸顶时贴水最小（1921年5月中旬[2]），这表明专业人士对市场的精准预测。1922年5月底远期美元相对较高的贴水同样也部分是由于看涨英镑从而对其进行过度投机造成的，而不仅仅是因为英镑相对美元便宜的关系[3]。

法郎也是如此[4]。1921年1月和2月，远期法郎的反常升水表 109
明，在市场看来，法郎的价格太低了，事实的确如此。恰恰当1921年7月末法郎达到最高值时，升水开始转向，这又验证了预测的正确性。在1922年的前5个月[5]，当法郎比较稳定时，远期和即期报价基本上是持平的；而自1922年6月开始法郎的持续下跌一直伴随着远期法郎稳定有时甚至是巨大的贴水，这表明市场上的专业人士看空法郎，由此再次证明了他们的正确性。里拉的情况也大致[6]相当。因此，尽管读者自己通过研读表格[7]发现没有一种概括是准

① 本书用“注意到当……的时候”代替了原文中的“从对前文表格的研究中发现，在……情况下”，表格指的是表3.4和表3.5。

② 原文中没有出现“中旬”一词。

③ 原文中的这句话是这样写的：“远期美元在今年的2至3月期间本应该可以与即期持平，这意味着考虑当前的货币市场条件，英镑当前的价格有点太高了。”

④ 原文中的这句话是这样的：“对于法郎来说，表格中的数据显示出相同的现象。”

⑤ 这句话没有在原文中出现。

⑥ 原文此处没有出现“大致”一词。

⑦ 原文中此处有“出现在前文的”字眼，表格指的是表3.4和表3.5。

确的，但市场通过考察远期汇率所表现出的明确观点基本上都是正确的。

鉴于交易欧洲通货（尤其是那些走强的通货）的外汇投机者遭受了巨大损失，上述的结果可能令人吃惊。但是对于世界上用现金购买看涨通货的大量业余投机者来说，远期交易可能不为他们所知或不能为他们所用。这样的投机可能暂时支持即期外汇市场，但对我们现在所讨论的即期和远期汇率之间的差异没有影响。只有当利用远期市场所进行的职业投机异常活跃且看法一致时，上述结论才成立。投机者的判断通常是正确的，因此他们也有助于平抑其他情况下有可能发生的大幅波动。

110 从以上讨论可能得出的各种结论和所用的各种数据中，我挑出三点加以说明如下[①]：

1. 那些波动幅度最大和商人最需要防范其风险的外汇市场恰恰正是那些最为缺少以适当价格提供远期交易工具的外汇市场[②]。但这并不必然[③]是因为汇率本身的不稳定性，而是由于某些具体的情况造成的。比如对国家的内部安排或者其银行信用的不信任，对突发的外汇管制或延期偿付的担心，以及在前文提及的其他类似原因。我们不能从理论上解释为什么在外汇市场高度不稳定的情况下不存在一个发展良好的远期市场。因此，在那些监管依然不成

---

① 原文中这一段是这样写的：

“实际结论

或许从以上讨论中可以得出很多实际的结论和所用的很多数据，但我将挑出三点加以说明。”

② 原文在此句前面加上了“显然”一词。

③ 原文中没有出现“必然”这个词。

熟[1]的国家，通过培育远期交易能力来减轻外汇市场波动所带来的恶劣后果仍然是有可能的。

这是[2]这些国家的国家银行能够有效履行的职能。为了做到这一点[3]，它们需要把一定数量的外国通货掌握在自己手里，或者它们必须具备接受外国银行家短期存款的能力，其条件是能够让这些银行家对这类存款的自由度和流动性有充分的信心。有多种不同的技术手段可供选择。而[4]最简单的方法可能是，国家银行自己进
入远期市场并以对即期报价进行合理的贴水或升水来买进或卖出 111
远期外汇。我建议它们不要直接和公众而是和特定的银行或金融机构进行交易，这样会比较有安全保证；它们应该每天对它们买卖的1—3个月的远期外汇进行报价，但报价的形式不是以外汇价格本身，而是以即期和远期差异的百分比；而且应该是对某一方向的即期交易和另一方向的远期交易的双重报价——比如意大利银行在出售即期英镑的同时以每月0.125%的升水买进远期英镑，或者是买入即期英镑的同时出售远期英镑。为了进行这样的经济交易活动，银行要掌控一定数量的外币资源，现金或是借款都可以。但这种资金应该是可循环的，在远期合约到期时可以自动得到补充，这样就不需要为了进行交易而设定一定的资金规模。这种交易所

① 本书中用“监管依然不成熟”代替了原文中“按照我第一篇文章中所提出的监管来稳定汇率的企图依然不成熟”。文章指的是《欧洲汇率的稳定：热那亚计划》，发表于1922年4月20日《曼彻斯特卫报》商业副刊“欧洲重建”专栏。这篇文章重印于第19卷中。

② 原文中在此处还加入了“在我看来”一词。

③ 本书用“为了做到这一点”代替了原文中的“为实施这一点”。

④ 原文中在此处还加上了“我认为”一词。

涉及的风险不会大于所有的银行业务所包含的风险；甚至可以完全规避汇率风险[①]。

有了这样的自由远期市场，商人除了自己愿意外[②]就不需要担心汇兑风险了，商业活动也可以在一个变化万千的世界中找到一个
112 稳固的立足点[③]。1922年的热那亚会议金融决议就是遵照上述思路提出来的。

我将在本书第五章提出一个建议：英格兰银行应该在每周四通过确定黄金的即期和远期价格来加强其控制力，就像它现在确定贴现率那样。如果其他中央银行想采用上述的远期相对于即期的报价方法，那么它们也应该加强对外汇波动的控制能力。事实上，通过区分这些汇率，它们可以区分付给**外币**余额的利率，以此作为一种完全不同于其为控制**国内货币**余额可得利率的银行利率政策。

2. 当前，银行致力于区分远期市场的投机交易和旨在保护商业活动的交易，为的是打击前者；而很多国家的官方外汇监管也以打击投机交易为目标。我认为这是不正确的。银行应该采取严格的预防措施以确保它们的客户在不遭遇严重[④]窘境的情况下能够对

---

① 原文此处后面还有这样的句子：“的确，在我看来，欧洲国家的国家银行将发现，英国的银行将会很乐意成为其往来银行，并借给它们1月期和3月期的短期借款或为持有远期英镑合约所需的现金。

例如，在奥地利，如果我是该国的财政主管的话，我首先将会把近期通过国家权力弄到手的外汇的一部分拿出来供大家使用，还会依照上述原则建立一个自由的克朗远期市场。

而在罗马尼亚，我将加速废除所有的外汇管制并为列伊（罗马尼亚货币。——译者）提供一个远期市场。”

② 本书中“愿意”一词用的是一般现在时，原文中此词用的是一般过去时。

③ 此段最后一句话以及下一个自然段并没有在原文中出现。

④ 本书中用“严重的”一词代替了原文中“过多的”一词。

可能增加的损失进行弥补。但除此以外，它们就不应该要求更多了，理由如下：

首先，阻止规避这类监管的行为几乎不可能的，同时，如果商业活动[1]想要进行逃避，它[2]可能会转向地下进行，中间人可以从中获得可观的利润，商业活动也可能会落入黑手。

但更为重要的，也更少被认识到的是，有资源的投机者能够提供一种有用甚至可以说是必不可少的服务。因为实际交易量并不是在全年间均匀分布的，正如前文所述[3]，季节性的波动必然会大
小不一地发生，除非一些金融的、非商业的因素介入[4]。一个没有将 113
投机排除在外的自由远期市场[5]，将会为不愿意投机的交易者避免这样做提供最好的工具。同样的优点也可以赋予商人，比如，棉花就可以在纽约和利物浦的“期货”市场上进行交易。在风险不可避免地存在的场合，由那些有能力并希望[6]去承担它的人去承担，要比由那些既没有能力也没有意愿这样去做的，而且他们还会因此分心的人去承担好得多。过去三年[7]间主要外汇市场的大幅度波动

① 本书用“如果商业活动”代替了原文中“想要”。

② 本书用“它”代替了原文中的“整个商业”。

③ 本书用“正如前文所述”代替了原文中“不止一位下列文章的作者所强调的”。

④ 原文此处还有下面的几句话：“当汇率被‘钉住’时，银行以一个合理的‘回报’安全地承担起相关的汇款业务；但当汇率不稳定时，风险的存在就使得银行不适合大规模地开展汇款业务，因此如果投机者被排除在外或受到打击，那么经济学家所谓的‘风险承担’这项服务的供给可能就会不足，从而那些最终承担了风险的人所索取的价格可能就会很高。”

⑤ 本书用“市场”代替了原文中的“变动”。

⑥ 本书用“希望”一词代替了原文中“急于”一词。

⑦ 本书用“三”代替了原文中的“二”。

(不同于它们的持续贬值)[①]不是由于投机的存在，而是由于相对于交易量来说，缺少充足的外汇量造成的[②]。

3. 不能对即期和远期汇率之间的关系进行分析有时候[③]也可能造成错误的利率政策[④]。高利贷——也就是对短期贷款索取高利率——有两个作用[⑤]。一个作用是间接的和逐渐累积的——即在减少银行信贷数量上所起的作用是间接的和逐渐累积的[⑥]。这种作用
114 在当下和以往都是一样的。当价格上涨，商业试图以快于实际资本和有效需求在长期内所允许的速度来扩张时，这种作用是合意的；而当价格下降和商业萧条时，这种作用是不受欢迎的。

高利贷的另一个作用，或者说货币在一个地方比在另一个地方更昂贵的作用，以往是引起黄金从便宜的地方流出，然后在昂贵的地方短暂使用。但现今唯一的即刻效应便是导致两个国家间的即期和远期汇率之间的差异进行新的调整。如果伦敦的货币更昂贵，那么远期美元贴水会减少或让位于升水。这种效应已在前文指出，1922 年下半年伦敦的货币相对便宜提高了远期美元贴水，而 1923

① 原文中此处还有“在我看来”一词。

② 原文中这一段是以下面这句话结尾的：“因此，我不同意詹尼尼(Giannini)博士在他的文章中所表达的职业投机对里拉外汇具有危害作用的看法(尽管在很多其他问题上我们持有一致看法)。”文章指的是 1922 年 4 月 20 日发表于《曼彻斯特卫报》商业副刊“欧洲重建”专栏上的《考虑季节变动的里拉外汇》。

③ 本书用“有时候也可能”代替了原文中的“是”。

④ 本书用“错误的银行利率政策”代替了原文中的“银行利率的错误政策”。

⑤ 本书用“作用”代替了原文中的“结果”。

⑥ 原文中此句话剩下的部分是这样写的：“通过提高某种要素的成本从而打击整个国家的贸易量的扩张的效应，提高每一种存货的费用的效应，以及影响长期利率从而影响债券价格的效应。”

年中期的相对昂贵则降低了贴水[①]。这就是[②]在当前情况下，两国利息率的适度差别所造成的主要直接后果[③]，当然其他间接的、长期的影响除外。由于不大可能有人会在外汇风险不确定的情况下，仅仅为了每年 0.5% 或 1% 的利率差而大举将货币从一地转移到另一地，所以高利息率（高利贷）对外汇绝对[④]水平的直接影响非常小，这与对即期和远期汇率之间的差异的影响不同[⑤]，仅局限于即期和远期汇率之间的关系对外汇投机者[⑥]造成的影响相对较小。不同于 115
外汇投机[⑦]，试图利用新形势、在即期和远期外汇之间进行套利的套利者所面临的压力导致这些利率之间的差异做出快速调整，直到短期的汇款不如以往有利可图并最终不会增加为止；结果就是对即期汇率的绝对水平不造成显著的影响。

对英格兰银行利率和美国联邦储备委员会利率之间所保持的密切关系给出的原因有时候非常令人困惑。有效的央行的高利率对一般的经济状况所产生的最终影响是毋庸置疑的；但是认为伦敦和纽约利率的适度差别直接反映在英镑-美元汇率上，就像在货币可兑换制度下那样，这种看法是一种误解。这种差别会对远期美元

① 这一句在原文中没有出现。

② 本书用“这些就是”代替了原文中的“这是”。

③ 本书用“主要直接后果”代替了原文中的“唯一直接后果”。

④ 原文中“绝对”一词没有加着重号。

⑤ 原文中这句话是“基本为零”。

⑥ ［如果英国的利率上升，远期美元贴水将下降或者升水将出现。这可能会对鼓励远期美元的投机性出售产生一些影响（影响的程度取决于即期和远期汇率之间的差异相对于投机者预期到的即期利率的波动范围的对比）；只要具体情况如此，银行对即期美元的销售将使得汇率朝着有利于英镑的方向移动。］

⑦ 原文没有出现这句话。

相对于即期美元的贴水造成直接影响；但它不能极大地影响即期汇率的绝对水平，除非相对货币利息率的变动与可能的汇率波动范围在量级上（过去是这样，但是现在不再如此了）是差不多的[①]。

① 原文最后一段是这样写的："英国的利息率有时在经济严重萧条时依然维持很高的水平，尤其是英格兰银行与美国联邦储备委员会的利率密切相关的所谓必要性，对这些现象给出的解释有时似乎表明了一种根深蒂固的思想混乱。有效的央行的高利率对一般的经济状况所产生的最终影响是毋庸置疑的；但是伦敦和纽约利率的适度差别直接对英镑-美元汇率造成影响的这种观点是一种误解。这种差异直接影响的是远期美元的贴水。"

第四章　货币政策的不同目标 116

在第一和第二章，我们讨论了货币购买力不稳定所导致的恶果，并且讨论了财政危机在其中所起的作用，这些讨论说明我们的研究主题对于社会福利具有重要的实际意义。在第三章，我们力图为货币理论建设奠定基础，在本章和下一章我们可以转向**治疗方案**分析了。

在大多数国家(美国除外)，货币不稳定性是由以下两个因素交织在一起产生的：一个因素是，国家通货不能用人们认可的价值标准即黄金来衡量时保持稳定；另一个因素是，黄金本身，按照购买力来衡量时，不能保持稳定。人们(例如Cunliffe委员会)的注意力主要集中在这两个因素中的第一个因素上。人们常常认为，无论如何，恢复金本位，即每一个国家的通货按照一个固定的比率和黄金兑换，必定是我们的目标所在；其中争论的主要之点是，各国通货是应当恢复到战前的黄金价值还是低于战前的黄金价值呢？后一种定价接近于当前的事实；换句话说，就是在**通货紧缩**和**通货贬值**两者之间如何选择？

这种看法未免有些草率。如果看看过去五年物价的变动过程，我们就不难发现，美国一直坚持金本位，但是它所遭受的损害和其他许多国家一样严重；在英国，与汇率不稳定相比，黄金价值不稳

定是更大的问题，甚至在法国情形也是这样，意大利情况也大抵如
117 此。另一方面，印度遭受了汇率剧烈波动所产生的损害，但是其价值标准比其他国家都要稳定，我们下面将会看到这一点。

由此可见，固定了汇率，我们并不能摆脱通货方面的麻烦。这样做反而可能会削弱我们的控制能力。货币价值的稳定性问题涉及好几个方面，我们必须逐一加以考虑：

1. 货币贬值与通货紧缩。我们希望确定的价值标准是不是黄金价值？是使黄金价值接近于现在价值呢，还是将它恢复到战前价值？

2. 物价稳定与汇率稳定。一个国家的通货价值是根据购买力来稳定呢，还是根据某些外国通货来稳定？哪一个更重要？

3. 恢复金本位。根据我们对上述两个问题的回答，金本位，不管它在理论上怎样的不完善，在实际上是不是我们达到币值稳定目的现有的最好方法？

在这些目的中做出选择之后，我们可以在下一章就如何稳定币值问题提出一些建设性的意见。

第一节　货币贬值与通货紧缩

降低一个国家通货数量与其以货币形式表现的购买力之间的比率，以便提高按照黄金或者实物商品计价的通货的交换价值，为了方便起见，可以把这种政策称做**通货紧缩**政策。

另一种政策是把通货的价值稳定在接近于现在价值，而不管它的战前价值如何，这种政策可以叫做**货币贬值**政策。

直到1922年4月的热那亚会议，公众对这两个政策的区别还是不太清楚的，对两者之间的尖锐对立是后来逐渐认识到的。即便到现在（1923年10月），也没有哪个欧洲国家当局明确表示他们的政策是稳定其通货价值还是提高其通货价值。一些国际会议[1]给出 118
的建议是，把币值稳定在现有水平；而许多国家通货的实际价值是在下降而不是在上升。但是，从其他迹象来看，欧洲各国的国家银行，在推行通货政策方面不论是成功（例如捷克斯洛伐克），还是不成功（例如法国），它们内心都希望提高其通货价值。迄今为止，只有一个国家实际上固定了汇率，这就是奥地利。

反对通货紧缩的简单观点可以概括为两点。

第一点，通货紧缩是不值得追求的，因为它产生的影响总是有害的，它改变了现有的价值标准，同时以损害企业和社会稳定的方式再分配财富。正如我们已经指出过的，通货紧缩将财富从社会一部分人手里转移到食利者阶层和所有以货币形式持有财富的人的手里；就像通货膨胀会产生相反的效果一样。特别重要的是，它把财富从一切借款人，即从工商业者和农民的手里，转移到贷款人手里，从积极的经济活动者手里转移到不积极的经济活动者手里。

固然通货紧缩主要的持续的影响是使纳税人受到压迫，食利者

① 尽管热那亚会议（1922年4月）一般性地肯定了这种币值稳定原则，但是主要受这种原则影响的各国代表联合声明，这种原则未必特别适用于他们每一个国家。皮阿诺（Signor Peano）、皮卡得（M.Picard）和塞尤尼思（M.Theunis）分别代表意大利、法国和比利时发言时宣布，他们不会贬值通货，并且决定把他们国家的通货恢复到战前的价值。改革不可能采取联合的、同步的行动。当热那亚会议的专家们“冒险建议”“由第一个勇敢地决定通过通货贬值，按照黄金价值来确保币值迅速稳定的那个国家来做出榜样”，说明他们认识到了这一点。

利益增加，但是，在过渡时期，还有一个更加剧烈的干扰因素。假定实行的政策是要逐渐提高国家的货币价值，按照商品来衡量，把币值提高到高于现有币值的（比如说）100%。——这里我重申一下第一章的论点——这就等于告诉每一个商人和每一个工业生产者，在即将到来的某个时期，他持有的存货和原材料的价格将会稳步下跌；同时，还告诉每一个用借来的钱来经营业务的人，在债务关系上，他迟早会损失100%（因为按照商品来衡量，他必须偿还借款
119 的数额将是他借入数额的两倍）。由于现代工商业大部分是靠借款来经营的，因此这样的通货紧缩过程必然会导致工商业陷入停滞状态。在这种情况下，每一个经营者暂时退出经营活动，对他是有利的；任何一个打算进行支出的人如果尽可能推迟他的订单，也是合算的。一个人如果聪明的话，他就会把他的资产转换成现金，从风险和辛苦活动中抽身而退，告老还乡，静候政府承诺过的他持有的现金的价值稳步升值。出现了通货紧缩的可能预期是足够糟糕的，而形成通货紧缩的确定预期则是灾难性的。因为现代工商业的运行机制对货币价值向上波动比对其向下波动更不适应。

第二点，在多数国家，通货紧缩即便真的是值得向往的，实际上也是不可能实现的；也就是指通货紧缩可以充分地把通货价值恢复到战前平价。因为这会使纳税人的负担变得无法承受。关于这个问题，我在前面第二章已经写得很清楚了，这里不再赘述。这种实际上的不可能性，或许使这种政策成为无害，但是实际情况并非如此，它会阻碍另一种政策的实行，它延长了不确定性和严重的季节性波动的时间，在某些情况下，这种政策甚至可以充分发挥作用而导致对经济活动的很大干扰。把通货价值恢复到战前平价仍然是

法国和意大利政府公开宣布的官方政策，在这些国家，这个事实正
在阻碍着任何关于通货改革的理性讨论。所有的这样的人——在
金融界这样的人很多——他们故意为这种政策的“正确性”编造理
由，于是就在这个问题上瞎说一气。在意大利，正确的经济学思想
很有影响力，这种思想差不多要促成通货改革，但是墨索里尼却威
胁说，要将里拉的价值提高到以前的价值水平。对意大利纳税人和
工商业者来说，幸运的是，里拉的价值并不听从独裁者的安排。但
是这种说法会延迟积极的改革；人们也许会感到困惑：这样一位能 120
干的政治家，为什么要推行这样一种政策？尽管他是在高谈阔论的
情绪下谈到这样的主张。他实际上不知道，他的这个主张，用另一
种意思相同的话来说就是：“我的政策是要把工资削减一半，将国
债负担增加一倍，把西西里橘子和柠檬的出口价格降低 50%。”

单独一个国家——捷克斯洛伐克——开始了通货改革试验，改革的措施是温和而有力度的。比较而言，捷克斯洛伐克没有内债负担，也没有严重的财政赤字，因此能够在 1922 年，推行其财政部长雷森(Alois Rasin)博士提出的下列改革方案：借助于某些外国贷款把捷克克朗汇价提高到接近上一年的三倍。实施这个政策方案所付出的代价是工业危机和严重的失业。图的是什么呢？我看不出来。捷克克朗的价值现在甚至不到其战前平价的六分之一，并且一直不稳定，随着季节变动和政治风向而上下波动。由此看来，这种升值过程要这样一直持续下去吗？如果不要，什么时候和在什么水平上来稳定通货呢？与任何欧洲国家相比，把经济生活建立在健全而稳定的通货的基础上，捷克斯洛伐克都拥有更多的优势。它的财政收支平衡，信用良好，国外资源充足，没有人会因为克朗贬值

而指责它；如今这个改革已经被其拥有的优势破坏了，被哈布斯堡王朝遗留下来的传统破坏了。它不折不扣地推行一种错误的政策，
121 它宁愿工业停滞和货币价值持续波动而不去稳定通货[1]。

既然把欧洲多数国家通货恢复到战前黄金平价既不合意又不容易实现，那么，是什么力量或论点使大多数欧洲国家把这种不合意的并且不可能实现的政策确立为公开政策呢？以下几点是最重要的：

1. 战争压低了国家通货的黄金价值，如果现在任其处于这样的低水平，这对食利者阶层和以货币形式取得固定收入的人是不公平的，实际上也是对契约的破坏；而恢复通货价值则是履行债务承诺的高尚之举。

通货贬值对战前固定利息证券持有者的利益造成损害是毋庸置疑的。实际上，要实现真正的公正，可能需要恢复货币收入的购买力，而不仅仅是货币收入的黄金价值；黄金价值是一种价值标准，这一点事实上还没有人提及；而名义上的公正并没有被违背，因为这些投资原本不是用金块而是用所在国的法偿货币投下去的。无论如何，如果这个投资者阶层可以被分别对待，考虑到公平和便于

① 我不能批评雷森博士（已被刺杀）在其第二个任期（1922年）的工作而看不到他第一个任期（1919年）从混乱的环境中拯救了捷克通货的伟大贡献；就印制奥地利纸币和对债权人征税与货币的关系来说，这是在那个时代在欧洲推行的唯一激烈的、勇敢的和成功的金融政策：我们可以从雷森博士本人所写的《捷克斯洛伐克的金融政策》一书中读到这些内容。在他第一个任期结束以前，其他的势力逐渐占了上风。但是，当这位严厉而公正的博士1922年再度执掌财政部时，我认为他错失了良机。他本当可以通过把通货稳定在一个固定并且稳定的基础上而完成他的使命，但他却动用其强权，用一个没有什么效果的通货紧缩过程把事情办砸了。

形成合理预期，这将为处理通货价值问题提供一个很好的范例。

但是实际情况并不是这样。大量的战时国债已经使战前固定利息证券持有者陷入困境，而社会本身进行了大规模的调整，以适应新的环境。通过通货紧缩来恢复战前持有的证券的价值将会同时提高战时和战后持有的证券的价值，因而会提高食利者阶层的总债权，使他们的利息收入不但会超过他们所应得的，而且会把他们的收入在社会总收入中所占的比例提高到一个令人无法容忍的高度。事实上，如果正确地衡量的话，这时所谓的公平已经偏到了另一边。现在尚待清偿的货币合约，其中很大一部分，在合约签订的时候，货币价值和当前的货币价值差不多，而和 1913 年的货币价值却差得很多。这样，其结果是，为了给债权人中的小部分人以公
平，就对债务人中的大多数人造成了很大的不公平。 122

欧文・费雪(Irving Fisher)教授令人信服地分析过这种情况[①]。他说，并不是所有的合同都需要作同样的调整以便保证公平，并且，当我们在争论是否应该紧缩通货来保证那些按照旧价格水平签订合约的人的理想化的公平时，按照新的价格水平签订的新的合约不断产生；我们忘记了费雪教授所说的这些话。对现在还未清偿的合约数量进行估计，按照合约签订的时间长短来划分，其中有些合约是一天的，有些是一个月的，有些是一年的，有些是 10 年的，有些是 100 年的，但是其中的绝大多数合约都是最近才签订的。因此，现有的总债务的均值或重心可能在某种程度上总是接近于现状。

① 参见费雪的论文《通货贬值与通货紧缩》，载于《曼彻斯特卫报》第 11 期“欧洲重建”专栏，1922 年 12 月 7 日。

根据费雪教授粗略估计，在战前，美国的合约平均大约是一年的。

因此，当货币贬值持续了很长的时间，这个时间长到足以使社会自我调整到与新的货币价值相适应时，通货紧缩甚至比通货膨胀更坏。两者都是“不公平的”，两者都使合理预期落空。但是通货膨胀会减轻国家的债务负担，会激励企业，虽然造成不平衡，但多少还有一点好处，而通货紧缩却一点好处都没有。

2. 把通货恢复到战前的黄金价值会提高一个国家的财政威信，增强人们对未来的信心。

如果一个国家能够在较早的时候把其通货价值恢复到战前平价，在那种情况下，这个论点是不能忽略的。对于英国、荷兰、瑞士、瑞典和（或许）西班牙可以这样说，而对于其他欧洲国家则不能这么说。这个论点不能扩展到那些即便可以使其法定货币价值提升一些，但是也不能恢复到以前的旧价值的国家。这个论点的实质在于使货币价值**不折不扣**地恢复到战前平价。对意大利而言，它究竟是使里拉稳定在 100 里拉兑换 1 英镑还是 60 里拉兑换 1 英镑
123 的水平上，对它的财政威信都没有多大差别；它如果能把里拉与英镑的汇率稳定在 100 ∶ 1 的水平上，会比让里拉与英镑的汇率在 60 ∶ 1 和 100 ∶ 1 之间波动更利于提高它的财政威信。

因此，这个论点只适用于这些国家，他们通货的黄金价值与其原来的价值相差（比方说）5%—10% 的范围内。在这些情形下，这个论点的魅力所在，我认为就取决于我们对下面要讨论的问题做出的回答，即我们是否打算在将来把自己钉在绝对的金本位上，就像过去我们所做的那样。假如我们仍然偏爱这种金本位制，认为其他安排都没有它好；假如我们对通货未来的“信心”不是决定于通

货购买力的稳定，而是决定于通货与黄金价值的固定不变，那么承受5%—10%的通货紧缩所带来的后果或许是值得的。这个观点和100年前李嘉图（Richardo）在类似情况下提出的见解相一致[①]。另一方面，如果我们设想的未来目标是价格水平的稳定，而不是通货与黄金平价的固定不变，那么我们就无需再讨论下去了。

然而，这个论点并不影响我们的主要结论，即对那些通货遭受长期的和严重的贬值的国家来说，正确的政策是让**通货贬值**，把通货的价值固定在其现有价值上下，商品和工资都按照这个价值水平进行调整。

3. 如果可以提高一个国家的通货的黄金价值，那么，劳工阶层将因为生活成本降低而获得利益，进口的外国商品会更便宜，按照黄金价值计价的外债（例如对美国的负债）将会更容易清偿。

这个论点纯属幻想，它所产生的影响和前两个论点不相上下。这个论点认为，如果法郎更值钱，用法郎支付的工资肯定可以买到更多的东西，用法郎支付的法国进口的商品将更加便宜。但是事实并非如此！如果法郎更值钱了，那么同样数额的法郎将可以购买到更多的劳动，也可以购买到更多的商品——就是说，工资将会降低；法国的出口（为了购买进口），以法郎来计量时，其价值将和进口品的价值减少得一样多。而且，当英国为了偿还美元债务，将一定数 124
量的商品转移给美国时，不论这个数量是多少，最终结算时不论是按1英镑兑4美元，还是按战前平价计算，在长期来看，都没有什么差别。这项债务负担决定于黄金的价值——因为这项债务总额

① 见下页。

是以黄金计价的，而不决定于英镑的价值。人们持有的货币只是一种媒介物，它本身并没有什么重要意义，它从一个人的手中流到另一个人的手中，收进来又被花出去，它在一个国家的国民财富总额中完成了自己的任务以后就消失了，货币的这个特性人们似乎不大容易看清楚。

在将要结束本节时，我想就通货贬值与通货紧缩之间的关系问题引用两个经典权威——吉本（Gibbon）和李嘉图——的观点。他们中的一位具有正直的政治家的威严但才学平平的特性，另一位则具有思路清晰、逻辑严密的品质。

在《罗马帝国衰亡史》第 11 章，吉本认为下面的描述是难以置信的：公元 274 年奥勒良（Aurelian）为了恢复货币信誉而制造的通货紧缩狂热，引发了一场暴动，结果导致 7000 名士兵死亡。“我们也许自然而然地期望”，吉本说道，“货币改革应当不是一场与意大利销毁那些陈年旧账——国王下令在图拉真（Trajan）广场焚毁的，同样受欢迎的行动。在商业原则非常不被人们理解的年代，人们向往的目标绝大多数被苛刻的政策措施所左右；但是这种情形几乎不可能引发一场严重的内战。而苛税连年征收，要么对土地征税，要么对生活必需品征税，至少会激怒那些不愿意或不可能背弃自己国家的人。但是，如果通过精心设计和细致操作来恢复货币的公允价值，情况就完全不一样了。”

罗马可能在 3 世纪和 20 世纪都没有很好地理解这些商业原则；
125 但是这并不妨碍意大利人运用这些原则。墨索里尼可能对奥瑞利安的财政年报很感兴趣，由于“无视或厌烦民法制度的约束”，推行通货紧缩政策不到一年，奥瑞利安就被刺杀了，“军队悼念他，参议院痛恨他，而人们普遍认为他是一个好战而幸运的强人，他是对一个衰败国家进行大刀阔斧改革的改革家”。

1822年6月12日李嘉图在众议院发表演说时提出了这样的观点[①]：“如果1819年通货的价值是1英镑钞票兑14先令[②]，和1813年兑换比率一样，他就会认为，权衡利弊，应当把通货价值也固定在那时的价值水平上，因为绝大多数现有的合约都是按照这个价值标准签订的；但是，如果通货波动是在其票面价值的5%之内，他认为他们在恢复旧的价值标准问题上做出的选择是最优的。”

在《保护农业》一文中李嘉图重述了上述观点[③]，当每盎司黄金兑4英镑2先令时，他赞同恢复到旧的通货标准，但是，假如每盎司黄金兑5英镑10先令，他补充道，“在所有的可行的方案中，没有比进行如此激烈的变革更不明智了。”

第二节　物价稳定与汇率稳定

根据第三章所给出的约束条件，既然一个国家通货与世界其他

① 围绕威斯通（Western）先生提出的恢复现金支付的动议，1822年6月11日和12日的那场大辩论，特别是动议的倡导方威斯通先生和反对方赫斯克森（Huskisson）先生之间的辩论，很好地说明了对通货紧缩带来的价值标准提高所产生的弊端进行监管的必要性，也表明了主张通货紧缩的人和主张通货贬值的人在性格上的水火不容，不过我怀疑，今天还主张通货紧缩的人是否还会一起发表像赫斯克森先生这样如此干练而又如此不公正的演讲。

② 先令为1971年以前英国的货币单位，1英镑=20先令。——译者

③ 载于《作品》，第468页。

国家（为了简化起见，假定只有一种国外通货）通货的汇率由国内价格水平和国外价格水平之间的关系来决定，由此可以推知，除非国内物价水平和国外物价水平二者都能够保持稳定，否则汇率就不可能稳定。如果我们不能控制国外物价水平，那么，我们的国内物
126 价水平，或我们的汇率，都要受国外因素影响，我们不得不屈从于这种状态。如果国外物价水平不稳定，我们就不能既保持国内物价水平稳定又保持汇率稳定。这样一来，就迫使我们要在这两者之间做出选择。

在战前，当几乎全世界都实行金本位制的时候，我们都一致倾向支持汇率稳定而不是物价稳定；那时，我们准备屈从完全在我们控制能力以外的原因——例如在外国新发现了金矿，或是其他国家的银行政策发生了变化，导致物价水平变化所带来的社会后果。我们之所以抱着屈从的态度，部分原因在于我们不敢相信比较自动（虽然是比较理性）的政策，部分原因在于我们所经历的价格波动事实上是比较温和的。尽管如此，还是一直有很强烈的呼声支持另外的政策选择。特别是欧文·费雪教授提出的补偿美元（compensated dollar）建议；除非所有的国家都采用同样的计划，否则这个建议就等于是说，政策重点应放在国内物价水平稳定上而不是汇率稳定上。

重点是稳定物价还是稳定汇率？这在一定程度上必须视对外贸易在一个国家经济生活中的相对重要性而定，不能一概而论。不过，几乎在所有的情况下，值得追求的似乎总是物价稳定，如果真能实现物价稳定的话。汇率稳定提供了一种便利性，它可以增进效率，促进那些从事对外贸易国家的繁荣。另一方面，物价稳定，对

于避免我们在第一章所说的各种弊端，是具有非常重要意义的。各种合约的签订和企业预期，以汇率稳定为前提的必定比较少，绝大多数都是以国内物价稳定为前提的，即便是在像英国这样的贸易大国，也是如此。相反，主张稳定汇率的主要论点是，汇率稳定是比较容易达到的目标，因为它只是要求在国内和国外实行统一的价值标准；而要把国内价值标准调整到按照物价指数来衡量保持稳定， 127
则是一项困难的科学创新，它从来还没有实践过。

最近有一个有趣的例子，一个国家以汇率波动为代价从国内物价水平相对稳定中获得了好处，这个国家就是印度；这个结果的出现很大程度上是碰巧而不是有意设计。由于公众非常关注汇率，把它看作是对金融政策是否成功的检验，这使得印度政府因为这个政策后果而遭受强烈谴责，但它还没有为自己的政策提供本应可以提供的有效的辩护。在1919—1920年经济繁荣期间，世界物价飞涨，卢比的汇价随后不断提高，结果导致印度的物价指数在1920年攀升到最高水平，但也仅仅超过1919年物价平均数的12%；而同期英国则是29%。印度通货委员会的报告公然被像印度这样的国家的重要性所左右，特别是在当时的政治环境下；按照这个报告的说法，印度政府应对这些快速变化不力，没有避免国内物价大幅度攀升。从事后看来，对印度政府行动最合理的批评是，他们力图把卢比（对英镑）的价值提高到2先令8便士——这是印度通货委员会考虑不周所定的汇率，这就走得太远了。印度以外的卢比的价值从来没有超过2先令3便士，按照把印度物价稳定在1919年水平上这个标准来看，这个汇率是恰当的。另一方面，由于世界物价暴跌，卢比的汇价随之下跌，这又导致这样的结果：1921年印度的物价指

数达到最低点，但只比1920年的最高点低16%，而英国当时的物价指数比最高点低50%。详情见表4.1。

如果印度政府成功地稳定了卢比与英镑的汇率，与英国的情形相比，那就必然使印度遭受灾难性的物价波动。因此，赞成恢复固定汇率，并把它作为一个追求的目标，这种不假思索的假说还需要加以比一般更多的探索。

128 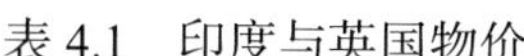
表4.1 印度与英国物价

	印度物价	英国物价[a]	卢比对英镑的价值	
			购买力平价	真实汇率
1919年平均	100	100	100	100
1920年平均	112	129	115	152
1921年平均	95	65	69	72
1922年平均	90	64	71	74

a 数据来自《统计学人》。

看来大多数国家都采取同样的货币本位制还是一个遥远的目标。如果是这样的话，就需要对上述假说作更进一步分析。如果采用金本位制，我们可以和全世界几乎所有国家实现汇率稳定，而其他的本位制将被视为孤立的、古怪的东西；金本位制的稳定性和便利性的确切优势就会助长保守主义者对黄金的偏好。不过，即使是这样，贸易者的便利和对贵金属的本能偏爱这两方面，在我看来，也不足以保证黄金稳坐江山，假如没有另一个、半偶然的环境支持的话；这个环境就是，过去很多年以来，黄金提供的不仅仅是一个稳定的汇率，而且总体上看，还提供了一个稳定的物价水平。我们现在是选择稳定汇率还是选择稳定物价，成了一个进退两难的问题，事实上过去这不是一个棘手的问题。在南非金矿开发前夕，我们面对的是一个物价水平不断下降的情形，当时的本位制与物价稳定之间出现了严重的矛盾，当时对金银复本位制的激烈争论，反映了这种情况所引发的不满。

用管理黄金的国际流动的战前制度来处理最近发生的各国之间物价水平如此巨大的或严重差异的分歧是否能够胜任，实际上还是一个疑问。在战前的制度下，一个国家确定了与其他国家的汇率以后，它的国内物价水平就不得不自行调节以适应这种固定汇率 129
（也就是说，主要受国外因素支配），这种制度的缺点是其运行模式太慢并且不敏感。在战后制度下，物价水平主要决定于国内的影响因素（即国内通货和信用政策），一个国家与其他国家的汇率不得不自行调整以适应物价稳定的目标；这种战后制度的缺点，是其产生的影响太快和过度敏感，结果由于一时偶然的原因就可能引发猛烈的变动。不过，如果发生巨大而突然的波动，就必须迅速做出反应，才能保持均衡；导致这种战前方法不能应用于战后条件有多种因素，这种快速反应的必要性是其中的因素之一，这就使得每个人对公布最终确定的汇率这个问题感到疑惑。

我们都熟悉战前方法和其结果之间的因果链条。当黄金从一个国家的国库流出，它就调整了贴现政策和信用创造，因此通过影响需求影响了那些对信用宽松比较敏感的商品的价格，然后逐渐地，通过这些商品的价格，将其影响扩散到一般商品的价格，包括那些进入国际贸易的商品的价格，直到达到新的价格水平——外国商品在国内贵，本国商品在国外便宜——为止，进而使得贸易逆差得到纠正。但是，达到这个结果的过程可能需要好几个月时间。现实的情况是，黄金储备很可能在这些纠正因素发挥作用之前就差不多耗尽了。更有甚者，利率的上升或下降在吸引外国资本或鼓励到国外投资方面，有时候比影响国内物价水平，作用更大。假如失衡只是季节性的，那就完全是一件好事；因为外国资金流入减少，并且这些资金在清闲的季节和繁忙的季节之间来回流动，比物价的涨跌，结果会更好。但是，假如由于一些更持久的原因，即使是在战
130 前，这种调节也可能是不完全的；为了暂时恢复平衡，给予外国贷款刺激，可能会掩盖形势的真实性和严重性，也使得一个国家敢冒最终破产的风险，超出其资源承载能力维持很长时间。

我们再把这一点和战后方法的即时效应加以比较。假如按照现行汇率，上午在外汇市场上可交易的英镑数量超过可交易的美元的数量，并且没有按照固定价格可用于出口的黄金来填补这两种货币之间的供给差额。其结果是，美元汇率一定会发生变化，从而使这两种货币的交易量发生变化，直到两者在新的汇率水平达到均衡。外汇市场上的这种变化又必然会产生这样的结果，在半个小时之内，英美之间交易的商品（例如棉花、电解铜）的相对价格，随之进行相应的自我调整。除非美国商品价格发生变化和英国商品价格达成新的均衡，否则英国商品的价格立即会随着汇率的变化而上涨。

这就说明，在汇率可变的条件下，政治和情绪因素的瞬间影响，以及季节性贸易产生的阶段性压力，可以把相对价格搅得混乱不堪。这也说明，不论出于什么原因，战后的方法是一种最迅速有力的矫正国际收支平衡表失衡的方法，也是一种防止一个国家意图在国外的支出超出其资源的理想方法。

因此，当之前存在的国内与国外价格平衡受到猛烈冲击时，战

前方法实际上差不多就瓦解了，其原因就是，它不能**足够迅速地**促成国内价格的重新调整。当然，从理论上说，如果黄金可以持续和不受限制地流动，直到价格的涨跌达到必要的限度为止，战前方法或迟或早还是能奏效的。但是，由于黄金是真实通货或硬币的支柱，所以实际上，流向国外的黄金，在速度和数量上通常都是有限 131
制的。如果货币和信贷供应量削减的速度比社会和工商企业活动安排可以容忍价格下跌的速度更快，那么交易活动就会出现不堪忍受的不便。或许，中世纪晚期货币史上不时出现的铸币成色减低的事件正是由类似的原因造成的。在发现新大陆以前，贵金属在很长一段时间内，由于自然消耗而又没有适当的新的供给来源，以及流向东方世界，在欧洲逐渐变得越来越稀缺；这样造成的结果是，一个国家（例如英国）的物价与其相关的欧洲物价水平相比，可能位于太高的水平上。或许在某种特殊的暂时的原因的引发下导致白银外流，这会使社会产生“通货短缺”的抱怨，通货短缺实际上是货币外流的速度快于社会机构可以容忍的价格下跌的速度。毫无疑问，有些通货贬值是由这样的事实促成的：通货贬值附带使国库获利。不过，它仍然是解决货币问题的最佳的权宜之策[①]。这样，我们就可以用更宽容的眼光来看待爱德华三世的英镑贬值，假如把英镑贬值看作是实现稳定国内物价而不是稳定汇率的偏好的一种方法，我们应当把这位国王当作倡导“补偿美元”的欧文·费雪教授的开明的先驱者来加以赞颂，只不过前者比后者更幸运，他有机会把他的理论付诸实施。

① 参见，霍特里（Hawtrey）：《通货和信用》，第 17 章。

读者还应该注意到，在不同的制度下，贴现政策所起的作用各不相同。采用战前方法，贴现政策在恢复国内物价和国外物价之间平衡的过程中发挥着关键作用。采用战后方法，贴现政策就并不是必不可少的，因为汇率波动可以带来均衡，无须贴现政策支持——
132 但是，如果我们想要按照不同的水平来确定国内物价或汇率，贴现政策当然还是一个影响国内物价水平、并进而通过物价影响汇率的工具，否则国内物价就会在不同水平上波动不定。

第三节　恢复金本位制

到目前为止，我们的结论是，当国内物价水平稳定和汇率稳定不可兼得时，一般来说，前者更值得追求；当两者之间的取舍非常难以抉择时，幸运的是，牺牲后者而维护前者也许是阻力最小的一条路径。

恢复金本位制（不论是按照战前平价或别的比率恢复），当然不会给我们带来国内物价的完全稳定，如果所有其他国家都恢复了金本位制的话，也只能给我们带来汇率的完全稳定。因此，金本位制是否值得恢复，总的说来，取决于它是否能使我们在国内物价稳定和汇率稳定这两个理想目标之间找到一种最优的可行的折中方案。

拥护金本位制而不主张实行更科学的货币本位制度的人，他们的理由是基于以下两个观点：一个观点是，黄金实际上已经提供了，并将继续提供一个合理的稳定的价值标准；另一个观点是，既然管理当局常常表现为缺少智慧，因而实行管理通货制度或迟或早会陷入悲惨的境地。保守主义和怀疑主义联手起来——他们经常这样。

这里也许还包含有迷信因素，因为黄金在色彩上和气味上仍然有其令人着魔的声望。

在19世纪风云变幻的世界里，黄金保持其价值的稳定性是相当成功的，这的确是意想不到的。我在第一章高度评价了黄金的这种特性。在澳大利亚和加利福尼亚发现金矿以后，黄金价格下跌逐渐达到危险的程度，而在南非金矿开采以前，黄金价格上涨又逐渐达到危险的境地。然而，在每一种情况下，它都能够自己恢复正常，保持了自己的信誉。

但是未来的情况和过去不一样。我们没有充分理由期望保持战前一种平衡的特殊条件会一直持续下去。那么，黄金在19世纪的优秀表现其基本原因是什么呢？ 133

首先，发现金矿的进展和其他方面的进展大致是一致的——这种相关性不完全是巧合，因为那个时期的进展，以其世界各地地面逐渐被发现被开发为特征，在这个过程中，较偏远地区的金矿床被发现就是自然而然的了。但是这个历史阶段现在差不多接近尾声了。最近一个重要的金矿床发现到现在，已经过去了四分之一个世纪了，再无大的新的金矿发现。现在的物质进步更多地依赖于科学技术知识的增长，这些知识对黄金开采的影响可能是时有时无的。提炼黄金的方法也许今后很多年都不会有重大改进；过去曾有过许多梦想，要把贱金属变成贵金属，也曾出现过多次骗局，说是可以从海水中提取金子，将来或许可以凭借化学家的天才把这些梦想变成现实。未来黄金可能变得很昂贵，也可能变得很廉价，这两种情况都有可能。在任何一种情况下，期望出现一系列事件来保持黄金价格稳定，未免是一种奢望了。

但是还存在另外一种支持黄金价格稳定的影响因素。黄金的价值并不是由单个团体的政策或决策决定的；黄金供给的很大一部分能够找到需求，例如流入美术品加工，或流入亚洲成为收藏品，不会因为供给过多而泛滥于市场，因为黄金的边际价值受人们对贵金属形成的稳定的心理估计所支配，而这种稳定的心理估计是在把黄金与其他商品进行比较中形成的。这就等于说黄金有其“内在价值”，是不存在“管理”通货的那些危险的。决定黄金价值的有**多种多样的独立的**影响因素，这本身就是一个稳定的因素。世界上有许多按照黄金储备与负债比例发行纸币的银行，这种比例是人为决定的并且是可变的，但是它绝不是引进了一个不可预料的因素，它是一个稳定因素。因为，当黄金供给相对充足并流入银行时，银行
134 可以通过略微提高黄金储备比例来吸纳这些黄金增加量，当黄金供给相对紧缺时，银行并不打算把黄金储备用于任何实际目的，这个事实使大多数银行能够冷静地看待这种变化，通过适度降低黄金储备比例就可以解决问题。从布尔战争(the Boer War)结束到1914年，南非金矿开采的黄金大部分都进入了欧洲和其他国家的中央银行作为准备金，而对物价的影响极其微小。

但是这次战争却造成了重大变化，黄金本身现在变成了一种“管理”通货。无论是东方还是西方，现在都学会了窖藏黄金，但是美国和印度窖藏黄金的动机是不同的。现在大多数国家已经放弃了金本位制，如果黄金的主要使用者把他们的黄金持有量限于实际需要的用途，那么黄金的供给量很大程度上是过剩的。美国没有让黄金下跌到其“自然”价值，因为它不能承受由此引发的黄金标准跌落的结局。这迫使它不得不采用一种代价昂贵的政策，把好不容

易从南非山区开采出来的金矿石再埋入华盛顿的地窖里。结果，现在黄金代表的是一种“人为的”价值，未来黄金价值的发展趋势几乎完全取决于美国联邦储备委员会的政策。黄金的价值已不再是大自然的恩赐，不再受运气支配，也不再是无数个人和机构独立行动自主判断所决定的。即使其他国家逐渐回到金本位制，这种情况也不会有大的改变。现在的趋势是要采用某种变相的金汇兑本位制，黄金从人们的口袋里可能会永久消失，这种趋势很可能意味着，实行金本位制国家的中央银行真正必需的黄金储备量将远远低于黄金的实际供给量。因此，黄金的真实价值将由三四个最有实力国家中央银行政策决定，不论这几家银行是独立行动还是联合行动。另一方面，如果恢复战前关于黄金用于储备和流通的习惯方式——在我看来，这种方式实现的可能性比前一种方式要小得多——那就会像卡塞尔教授所预言的那样，黄金严重短缺将引起黄金价值逐渐上涨。

我们不能忽略存在这样一种可能性：美国通过不再由造币厂接受黄金的办法，使黄金丧失部分的通货资格。美国现行的接受无限量黄金输入的政策，作为一种临时措施，也许是正当的；这种政策有利于保持传统和增强跨越过渡时期的信心。但是，如果把它看作是一种长久的制度安排，那就只能视作是一种愚蠢的耗费。如果美国联邦储备委员会打算把美元的价值保持在一个不受黄金流入和流出影响的水平上，那么它继续让造币厂接受它并不想要而又花费代价高昂的黄金，其目的是什么呢？如果美国造币厂不再接受黄金，除了这种贵金属的真实价格之外，一切事情都会继续像以前一样。

因此，对未来黄金价值稳定的信心决定于美国的行为：它也许十分愚蠢地继续接受它实际上并不需要的黄金，也许它非常聪明，接受黄金，使其保持固定的价值。公众是一无所知的，而联邦储备委员会是无所不知的，通过共同研究这两方，也许可以认清事情的真相。但是，这种形势是不安全的；对还没有决定今后采取什么样的本位制的国家来说，这种形势是不招人喜欢的。

赞成恢复无限制金本位制的第二个主要论点是认为这是避免“管理”通货的危险性的唯一途径；以上关于黄金稳定性前景的讨论是对这个论点的部分回答。

谨慎稳重的人，有了许多经验教训以后，会很渴求一种独立于财政部长和国家银行的价值标准，这种愿望是极其自然的。现实的
136 状况为政治家的无知和轻浮提供了大量的表演机会，这会给经济领域带来破坏性的后果。现在人们认识到的是，政治家和银行家在经济和财政教育方面的一般水平不足以保障创新是可行的或是安全的；事实上，稳定汇率的一个主要目的是借此约束财政部长们的言行。

人们对创新之所以踌躇不前，其合理的根据就在这里。人们之所以这样看问题是根据他们过去的经验，但是用过去的经验来评判政治家和银行家的能力显然是不公平的。因为我们有过经验的非金属本位制，不管它是什么样的事物，还不是在冷静的态度下进行的科学实验。非金属本位制并不是政府自愿采用的，当国家财政已经破产，或是局面已经无法控制时迫不得已采用的最后手段，这是战争或是通货膨胀税造成的结果。在这样的环境下，这些手段就自然地变成了灾难的序曲和伴随物。但是我们不能根据这一点就推论出，在正常时期采用这些手段能够产生什么样的结果。我不明白，对价值标准的监管，与许多别的、社会必要性较低而我们又实现了的目标相比，为什么会更加困难。

假如真有一位上帝在守望黄金，或者假如造物主已经给我们提供了一种现成的稳定的价值标准，我绝不会，为了追求对其进行某些微小的改进，就把这种制度的管理转让给银行董事会和政府，他们可能由于软弱或无知而管理不好。但是情况并不是这样。事实上，我们没有现成可用的标准。经验表明，在紧急关头，财政部长们的言行是不能限制的。而且，最为重要的是，在纸币和银行信用流行的现代世界里，不论我们愿意与否，我们都无法逃脱“管理”通货；即便纸币可以兑换黄金，也不能改变这样的事实：黄金本身的价值取决于中央银行政策。

上面的最后一句话值得我们再思考一下。这和我们在战前学过的、教过的黄金储备的学说大不相同。我们过去总是认为，没有一家中央银行会如此奢侈，会储备超过它所需的黄金量，也没有一家中央银行会这样不明智，会让它的黄金储备量低于它的需要量。
黄金会不时地进入流通或是流向国外；经验表明，这些方面所需要 137
的黄金数量与中央银行的负债大体上成某种比例；为了应付突发事件和增强公众信心，中央银行实际储备的黄金比例肯定会高于这种比例；信用创造主要依据这种比例来进行监管。例如，英格兰银行在黄金流动的大潮中任其潮涨潮落，放任黄金流入和流出，让其产生“自然的”结果，不会受为了防止影响物价的任何思想所抑制。但是在战前，由于人为的原因，这个制度就已经变得不太稳定。随着时间的推移，黄金储备的这种“比例”逐渐丧失了与事实之间的联系，很大程度上成了一种惯例。另一个比例数，不论它大于还是小于原来的比例，所起的作用照样很好[1]。战争打破了这个惯例；因为黄金退出了实际流通过程破坏了支撑这个惯例的事实因素之一，而纸币停止兑换黄金又破坏了另一个事实因素。在这种情况下，黄金储备“比例”已经失去了所有的意义，如果还有按照这种比例来监管央行利率是很荒唐的；结果，在过去十年里，新的政策逐渐形成。这就是银行利率政策。现在实行的银行利率政策，不管它是带有试验性的还是不完善的，是为了维持企业稳定和物价稳定的，是用来监管信用扩张和收缩的。至于要用这种政策获得本国货币与美元汇率的稳定——这和国内物价稳定是不一致的。这种想法还带有战前政策的残留，它试图在两个不一致的目标中找到折中方案。

那些主张回到金本位制的人往往没有认识到，我们在实践中实际上已经走向了不同的道路。假如要恢复金本位制，那么我们也要回到战前银行利率的概念，听任黄金浪潮随意影响国内物价水平吗？信用周期会对物价稳定和就业稳定产生严重的不利影响，我们
138 也要放弃缓解这种不利影响所做的努力吗？或者，我们继续对目前的政策进行实验性创新，并加以发展，而不考虑“银行准备金比例”，如果必要的话，任由黄金储备增长，大量超出必要的储备量，或听任黄金储备减少，远远低于必要的储备量？

实话实说，金本位制现在已经是一种野蛮制度的残余了。从英格兰银行总裁起，所有我们这些人，现在主要关注的是保持经济、物价和就业稳定，当我们必须要做出选择时，我们绝不会牺牲这些稳定而去迎合那个过时了的信条——那件东西的价值，曾经是每盎

① 参见，我1914年关于这个问题所写的文章，载于《经济学杂志》第24卷，第621页。

司 3 镑 17 先令 10.5 便士，现在说这些还有什么用呢？支持这种古老本位制的人没有认识到，这种制度现在离时代精神和时代需要有多么遥远。一种在监管下的非金属本位制度已经悄然而至。**它已经成为既成事实**。当经济学家们还在昏昏欲睡，而那个百年来的学术梦想，已经脱掉了华丽衣冠，换上了破旧衣裳，在坏仙女的引导下，悄然进入了现实世界——这个坏仙女就是那些不墨守成规的财政大臣们，他们常常受到指责，但是他们所起的作用是有力有效的。

正是因为这些原因，主张恢复金本位制的那些开明人士，例如霍特里先生，也并不欢迎黄金重新成为“自然”通货，而是坚决主张，使它成为一种“管理”通货。他们只是允许黄金在回来以后，成为一位君主立宪制下的君主，它过去的专制权力被剥夺了，强迫它服从“银行国会”的旨意。起草《关于通货问题的热那亚决议》的那些人，他们所接受的思想，主要就是霍特里先生坚持黄金本位所提出的条件。他反复考虑的是：“发行货币的各国中央银行之间应持续进行合作（决议 3）”，并且召开一次以金汇兑本位制为基础的国际会议，目的是“防止黄金购买力过度波动（决议 11）”[①]。但是他**不**
赞成在不考虑“未来的黄金购买力是否有保障”的情况下恢复金本
位制。他承认，“促成国际行动是一件不容易的事情，如果这件事 139
情办不成，那么眼下最明智的行动方向似乎是，集中力量稳定按商品衡量的英镑的价值，而不是把英镑系于一种金属的关系上，而这种金属又怪异多变，难以预测。”[②]

① 霍特里：《货币重建问题》，第 132 页。

② 同上书，第 22 页。

面对这样的主张，人们自然会问，为什么一定要把黄金拉进来呢？显然，霍特里先生之所以主张采用折中方案，主要是受传统和情感力量的影响；英国人宁愿剥夺君主的权力，而不愿除去君主本人。霍特里先生没有强调这一点。但是，他另外给出了三个理由：(1)必须用黄金作为一种流动储备，用来清偿国际债务余额。(2)可以使我们在不脱离旧制度的情况下进行探索试验。(3)必须考虑到黄金生产者的既得利益。这些目的将在以下的章节中通过我的建议详细谈到，这里就不多说了。

另一方面，一些人虔诚地相信，通过国际合作就可以恢复金本位制及其秩序，我强烈反对这种想法。在世界黄金储备现有的分配状况下，恢复金本位制意味着我们不可避免地要将物价水平的监管权和信用周期的处理权都拱手交给美国联邦储备委员会了。即便联邦储备委员会和英格兰银行之间建立了最亲密无间的合作关系，决定权仍然掌握在前者手里。美联储尽可以不把英格兰银行放在眼里。但是，如果英格兰银行对美联储视而不见，其结果将会是，随着情况的不同，英格兰银行很容易出现黄金储备暴涨而过剩，或者黄金储备锐减而不足的局面。而且，我们事前就有理由相信，那个时候，美国人必然非常怀疑（因为美国人的性格如此）英格兰银行要控制他们的政策，或从英国利益出发影响美国的贴现率政策。到那个时候，世界黄金供给过剩，我们为了控制这种过剩而承担一些不必要的花费，对这一点我们必须做好思想准备。

140 在当前的环境下，把我们的行动自由拱手让给美联储是草率的。在经济承受压力时期，如何勇敢和独立地行动，我们对美联储这方面的能力还缺乏了解。美联储现在力图摆脱各种利益集团的压力；这种努力是否能够成功，我们还不能确定。美联储被廉价货币战的冲动所征服，这种可能性仍然是存在的。怀疑英国的影响力，绝不会加强美联储的势力，反而会极大地削弱它应对公众抗议的能力。还有，英美两国采用同样的政策是否总是符合双方的利益也很难说，姑且不论还可能存在政策上的软弱和错误。信用周期和经济形势的发展在大西洋两岸有时候可能是大不相同的。

我把物价、信用和就业稳定看作是至关重要的，我不相信旧的金本位制能给我们带来稳定，虽然它过去给我们带来过一点点稳定。因此，我反对实施按照战前路线恢复金本位制的政策。同时，我对让英国和美国共同“管理”金本位制的思路也表示怀疑，这个思路是霍特里先生提出来的；因为这个思路保留了太多的旧制度的缺点，而没有继承它的优点，并且，这个思路还会使我们过分依赖美联储的政策和愿望。

141 # 第五章　对未来货币监管的建议

如果要满足本书的观点和分析，一个健全的建设性的货币改革方案必须具备以下两条：

1. 具有监管通货和信用供给的方法，其目的是尽可能保持国内物价水平的稳定；

2. 具有监管外汇供给的方法，目的是避免由季节性因素或其他因素引起的纯粹的暂时波动，而不是对国内物价水平和国外物价水平关系长期干扰的那些因素所造成的波动。

我相信，在英国，通过采用现有的制度——这种制度自战争以来在半偶然的情况下在英国成长起来了，最容易接近和最容易形成这种理想的制度。这种制度总的思想被具体应用于英国实践而被证明有效以后，对这种制度进行适当的修改，也可以适合其他国家的需要。

第一节　英国

英国目前运行的制度大致情况如下：

国内物价水平主要由五大银行所创造的信用数量决定；尽管处于萧条期，但当公众都在增加他们持有的实际余额时，与繁荣时期实际余额减少相比，银行必须创造出更大的信用数量来支持既定的物价水平（按照第三章开头所阐述的理论）。

由此创造出来的信用数量大致可由银行的存款规模来衡
量——因为存款总额的变化对应着银行投资、票据持有量和借款的 142
变化。银行存款和“放在手边以及存在英格兰银行的现金”为什么不可以随着环境的变化在很宽的幅度内涨落，现在对此还没有一个明确的解释。但在实践中，银行通常依据经验法则来运行并且不会过度偏离预想的比例水平[①]。近来银行的总存款都是其现金数量的9倍左右，因为这是一个普遍认为比较“安全”的比例。如果低于这个标准，对银行的声誉不好，但是如果再高对收益率不好。因此银行一般按照上述标准对它们的总的信用创造（以投资、票据或借款形式当中的某一种）进行调节。如此一来，银行以银行票据、纸币和存款放在英格兰银行的“现金”数量大致决定了它们所创造出的信用量。

为进一步探讨其中的因果关系，我们要考虑是什么决定银行的“现金”数量。它可以通过以下三种方式中的一种或多种来改变：(1) 公众需要更多或更少的流通中的纸币；(2) 财政部向现金账户借款的多少；(3) 英格兰银行资产的增减[②]。

为了完善我们的论点，另外一个还没有提过的因素应该予以考

① 股份制银行自 1921 年 1 月开始每月公布其利润。除了临时用来“装点门面”的半年报外，“现金”与存款之比的波动范围在 11% 和 11.9% 之间，借款与存款之比在 41.1% 和 50.1% 之间。这些数字涵盖两年半时间内的各种不同情况。私人银行的相应“比例”各不相同，上述数字描述的仅仅是平均水平，其稳定性因每家大银行在其自身政策上颇为稳定这一事实而得到加强。

② 因为央行以存款和流通纸币形式所持有的总负债自动取决于其资产的数量。

143 虑，即(4)银行以国库券形式持有的二线储备所占的比例，它们从某些角度可以看作是现金。为决定“现金”的安全比例，银行注重它们所持有的国库券数量，因为通过减少这种持有量它们就可以立刻增加其“现金”，并迫使财政部向现金账户或是英格兰银行借更多的钱。上述的 9 倍比例假设有少量的国库券在手，而且如果没有充足数量的国库券的话，这个比例就需要改变。这个因素(4)也是很重要的，因为银行要面对来自财政部的压力——当财政部无论是通过税收还是通过提供有吸引力的长期借款而把存款者的资源吸引到银行，并利用它们去偿还英格兰银行的短期借款时，银行的一线现金储备就会减少；而当利用它们去偿付银行自身所持有的国库券时，银行的二线国库券储备会减少。

因此上述(1)(2)(3)(4)四项基本上回答了我所提的问题。不过，考虑到当前的论点，我们不需要单独在意前两项(1)和(2)，因为在大多数情况下，它们的影响都会反应在(3)和(4)中。(1)部分依赖于交易量，但是更多地依赖于物价水平；而且在实践中，(1)的波动并不直接影响银行的“现金”，因为如果在(1)下纸币的需求量变大，更多的纸币得以发行，财政部从现金账户的借款就会相应增加——在此情况下，如果财政部用借款来偿还英格兰银行的款项，那么央行的资产就会减少，从而其他银行的“现金”也会减少；如果财政部等量减少国库券的数量，那么其他银行的二线储备就会减少。也就是说，(1)的变化通过(3)和(4)作用于银行的资源[1]。而

① 如果多发行的纸币通过从央行转移黄金来实现，那么这只是减少英格兰银行资产的另一种方式。

对于(2)来说，财政部从现金账户借款多少的变化反应在财政部所 144
借短期借款或国库券数量一个相反方向的相应变动。

这样我们就能将注意力集中在(3)和(4)，并将它们作为物价水平的主要决定因素。

先说(3)。英格兰银行的资产(目前只考虑它的可变资产)由以下部分组成：①借给财政部的短期借款，②金边债券和其他投资，③对客户的贷款和汇票，④黄金。任何一项的增加都会增加其他银行的“现金”，从而刺激信用创造，并因此提升物价水平，反之亦然。

对于(4)，即银行对国库券的持有量，它取决于财政部的支出超过它通过税收和借款从公众那里得到的收入①，从英格兰银行得到的短期借款②以及从现金账户借出的款项之和的部分③。

因此股份制银行信用创造的能力主要受英格兰银行和财政部的政策以及行动的控制。当这些决定了以后，(1)(2)(3)(4)也就决定了。

这两个权力机构能在多大程度上控制它们自身的行为，在多大程度上必须保持被动代理人的角色？我认为，如果它们选择进行控制，那么控制权就在它们手上。至于财政部，它们要从公众那里提取多少钱财来清偿流动债务决定于利率和它们准备提供的借款类型。它们筹资能力是有限的，但是在相当大的范围内，财政大臣和下议院可以决定财政部政策。如果与财政部共同行动，那么英格兰银行也可以在很大范围内主导局面。它可以通过买卖随意增加或
减少其投资和黄金。在借款和票据的例子中，尽管其数量不能及时 145
或直接地受到控制，但通过改变所收取的价格，即银行利率，此处

还是可以获得充分的控制的[①]。

因此物价水平和汇率水平最终取决于英格兰银行和财政部的政策在很大程度上是事实；尽管如果其他银行强烈反对官方政策的话，它们能够在一定程度上阻挠或者至少是推迟变化——假设它们都准备偏离它们的日常比例。

银行票据或纸币形式的现金(2)的供应量是由在(1)下所确定的国内物价水平和信用创造量来决定。那就是说，在理论上纸币的发行是有限制的，一般是前一年所实际达到的最大信用发行量。自这个理论最大值得以规定以来，它还从来没有在现实中实施过；而且由于规则源自现已过时的且与最为负责的观点不符的学说，所以如果形势变化，发行量是有可能放松的。正是在这种背景下，坎利夫(Cunliffe)委员会呼吁做出紧急变革，除非我们刻意期望追随一个继续贬值的过程。当萧条过去，贸易兴旺、就业充分的光景到来，

146 一定将会出现对纸币的上涨需求，这种需求必须得到满足，除非我们要刻意打击复苏。

因此，我认为当今的趋势是监管信用创造并让货币创造如法炮制，而不是像以前那样监管货币创造而让信用创造依葫芦画瓢。

---

① 通常假设银行利率是唯一的控制因素。但是银行利率只能通过其对(3)，即央行的资产的反应来起作用。以前它直接对(3)的两个组成要素——客户的贷款和黄金——起作用。现在它只作用于对客户的贷款。但是央行对财政部借款的变化以及央行投资上的变化通常对信用创造产生几乎同样强有力的影响。因此低的银行利率在很大程度上被央行对财政部借款或央行投资的一个同时下降所抵消，反之亦然。确实，英格兰银行可以通过买卖证券而不是其他方式来更加决绝地使货币市场就范；如果只是自行运作且没有央行投资的刻意变化的帮助的话，银行利率的效用因现实中存在的种种局限性而打折扣，如对银行利率自由变动的限制，以及对其上升和下降所设的限制。

英格兰银行的黄金储备(3)是固定的，不参加买卖活动。黄金在我们的制度中不起作用。但偶尔地，英格兰银行会运送一箱黄金去美国，帮助财政部清偿美元债务。南非和其他地方的黄金只是作为一种商品来到这个便利的转口中心，大多数又重新流出去了。

外汇(4)不受管制，任其自由变化。它们不时地随着季节和其他不规则影响因素涨落。正如我们所见，长期来看，外汇取决于通过在国内外所采取的不同信用政策所确立的国内外相对价格。但是同时，事情的真实状态和主管机构所宣称的政策不一致。把英镑和美元汇率固定在战前的平价水平还是它们的梦想；当国内价格水平和信用政策对汇率产生与预期相反的作用时，为了临时影响汇率而提升银行利率的事情还是会发生。

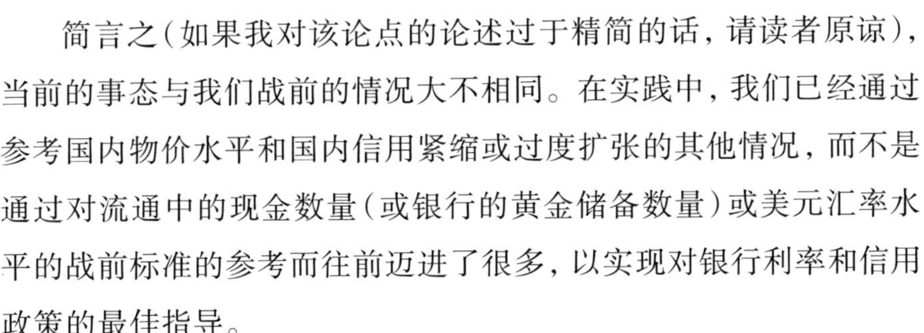

简言之(如果我对该论点的论述过于精简的话，请读者原谅)，当前的事态与我们战前的情况大不相同。在实践中，我们已经通过参考国内物价水平和国内信用紧缩或过度扩张的其他情况，而不是通过对流通中的现金数量(或银行的黄金储备数量)或美元汇率水平的战前标准的参考而往前迈进了很多，以实现对银行利率和信用政策的最佳指导。

1. 按照我对一个健全的建设性方案的第一点要求，这种方案 147
只有通过采用更为审慎的和自觉的方法，发展我们现有的制度安排才能形成。迄今为止，财政部和英格兰银行一直都在寻求把稳定美元汇率(尤其是稳定在战前平价上)作为其政策目标。不过，它们是打算把美元汇率稳定在某一点而不管美元(或黄金)的价值波动；还是在英镑稳定和美元稳定不相容时，牺牲英镑物价稳定来维持美元汇率稳定，这一点还不太清楚。无论如何，我的方案所要求的是，它们应当把英镑物价稳定作为其主要目标——尽管这样做并不妨碍通过与美联储在共同政策上的合作，把汇价稳定作为第二目标。只要美联储能成功地保持美元物价稳定，那么保持美元与英镑之间的汇率稳定以及保持英镑物价稳定这两个目标都可以实现。我的建议不过表明了这样一种决心，在美联储不能保持美元物价稳定时，英镑物价如果有可能保持稳定的话，就不应当仅仅为了保持固定的汇兑平价而使它和美元一起陷入不稳定。

如果英格兰银行、财政部和五大银行采取这个政策，它们应当采取什么样的标准来监管银行利率、政府借款和贸易贷款呢？第一个问题是，这个标准应当是一个精确的算术公式呢，还是依据可利用数据对经济形势所做的总体判断？主张物价稳定、反对稳定汇率的首倡者欧文·费雪教授，提出用“补偿美元”的方法来稳定物价，所谓“补偿美元”是指根据一种物价指数来自动调整美元物价，而无须进行任何判断或相机抉择。这个方法的优点是，可以很容易地
148 把它移植到战前的黄金储备和黄金比率制度上，他可能是受这个优点的影响才大力主张这种方法的。不过，我怀疑这种僵硬和没有活力的制度的可行性和有用性。如果我们一直等到价格实际上出现了变化才采取补救措施，那就太晚了。“我们需要应对的不是过去的物价上涨而是未来的物价上涨”[①]。激烈的信用周期运动有一个特点，即物价变化趋势是累积性的，每一次物价上升到某一点，下一次物价会在同一个方向上进一步上升。费雪的方法适合于处理黄金价值的长期变化趋势，而不适合处理信用周期的短期震荡，这种

① 霍特里：《货币重建问题》，第 105 页。

短期震荡可能危害更大。不过，费雪的方法也有可取之处。这种方法的缺点是行动滞后，一直到价格实际发生变动时才采取行动，但它可以提振信心。如果编制出一种官方的物价指数，并把这个指数作为一个标准合成商品的价格，政府有关部门采用这种标准合成商品作为他们认定的价值标准；这样做的用意在于表明，他们将利用一切资源来防止物价变动无论在哪一个方向上，都不会超过其正常值的某一个百分比，就像在战前利用一切资源避免黄金价格波动超过一定的百分比一样。这种标准合成商品的具体构成可以根据这些商品在经济中的相对重要性经常加以调整。

应当是上述标准，而不是物价的实际变化趋势，决定着有关政府部门的行动，充分诊断和分析信用周期则超出了本章的研究范围。我们对这个问题研究得越深入，我们就越能准确理解利用银行利率或其他手段控制信用膨胀的正确时机和方法。同时，我们在这
方面已经积累了相当多的并且不断增加的一般经验，管理当局可以 149
根据这些经验来进行判断。当然，实际价格变动给我们提供的是最重要的数据；但是，就业状况、生产量、银行感受到的对信用的有效需求、各类投资的利率、货币的新发行量、进入流通的现金流、对外贸易统计数据和汇率水平，都必须加以考虑。主要之点是，管理当局根据他们掌握的这些数据做出决策进行调控，其**目标**应当是物价稳定。

例如，最近在英国就出现了这样的行动：当实际余额膨胀时，“现金”供给却在紧缩——这种行动极大地恶化了最近这次经济萧条的严重性，这种情况至少是能够避免的。如果我们懂得实际余额减少之时就是紧缩现金供给之日，即（假如）当物价上涨超过了现

金数量增长的比例，以及懂得实际余额增加之日就是扩张现金供给之时，反之则反是（英国现在的实际情况似乎不是如此），我们就可以很好地缓和经济波动的幅度。

2. 我们如何能够把这种物价稳定的首要目标和汇率最大化稳定的目标最优地结合起来呢？我们能够同时实现长期的物价稳定和短期的汇率稳定吗？金本位制的一大优点就是它可以克服汇价对暂时性因素影响的过度敏感，这一点我们在第三章已经做了分析。我们的目标是必须保持这个优点，假如有可能的话，不至于使我们跟随黄金自身价值的变动而大起大落。

我相信，如果英格兰银行负起监管黄金价值的责任的话，就像它监管贴现率一样，我们就能够在这个方向上取得很大的进步。我们要做的是“监管”而不是“钉住”。英格兰银行对黄金应当有一个买入价格和卖出价格，正如战前所做的那样，并且这个价格在相当

150 长时期内保持不变，就像央行利率一样。但是它并不是永远“被固定”或“钉住”，如同央行利率不会永远不变一样。英格兰银行的黄金价格可以在每周四早上和票据贴现率同时公布，黄金买价和卖价之间的差额，可与战前每盎司 3 镑 17 先令 10.5 便士与 3 镑 17 先令 9 便士之间的差价幅度相一致；不过，为了避免过于频繁地变动金价，可以把每盎司 1.5 便士的浮动幅度扩大些，比如说扩大到 0.5%—1%。英格兰银行把当时愿意买进和卖出的黄金价格确定以后，就可以使美元与英镑之间的汇率在相应的时间内保持稳定，这样一来，汇率不会一有风向变化就随之变动，除非英格兰银行经过审慎考虑后认为，为了稳定英镑物价，有必要改变汇率。

如果央行利率和黄金价格结合在一起导致黄金过度流入或过

度流出，英格兰银行就应当确认，这种流动是因为国内因素还是国外因素引起脱离稳定的变动。为了明确我们的观点，我们假设出现了黄金外流。如果看起来，这是由于，按商品来衡量时，英镑出现了贬值的趋势，在这种情况下，正确的补救方法应当是提升央行利率。另一方面，如果按商品来衡量时，黄金出现了升值的趋势，那么，正确的方法应当提升黄金价格（例如提高黄金的买入价）。然而，如果这种流动是由于季节性因素或其他暂时性因素引起的，那么就可以放任不管（当然，这里假定英格兰银行的黄金储备等于任何可能情况下的需要量），因为随后它又会被相应的反应纠正回来。

为加强英格兰银行的控制力，我们提出两点补充建议：

(1) 为了偿付美国债务，英国财政部需要在每个工作日买进将近 50 万美元。显然，为购买这笔数目庞大的美元所采取的特定方
法将会极大地影响汇率的短期波动。我建议将这项职责委托给英 151
格兰银行，他们实施政策的明确目标是减少由于一般贸易需求的日常的和季节性的波动所造成的汇率波动。需要强调的是，在全年之中适当地分配这些购买力可能会极大地减轻我们在第三章所讨论过的正常的季节性所引起的波动。如果贸易需求集中在上半年，那么财政部的需求就应当集中在下半年。

(2) 如果英格兰银行对黄金的买进和卖出进行每天报价，不但给出黄金即期的买价和卖价，还给出三个月的黄金期货价格，那么我们这里建议的制度就实现了一项技术进步，而不改变制度的基本特征。现货价格和期货价格之间的差异（如果有的话）反映的是后者对前者的折价或者溢价，而这又依赖于英格兰银行想要伦敦的货币利率是高于还是低于纽约的货币利率的意愿而定。英格兰银行有了黄金的远期行市，就为远期外汇自由市场提供了坚实的基础，就可以便利伦敦和纽约之间短期内的资金流动，像战前的情形那样；同时还可以最大限度地减少黄金现货实际的往返流动。我想我不需要进一步对此进行解释，因为这些只是第三章第三节的论点的一种应用，如果读者回顾我们以前的论点，就会一清二楚。

现在还剩下对纸币发行的监管问题。我这里的建议也许看起来令人吃惊，但当读者认识到，我的建议除了背离传统习俗以外，本质上与事物的现状是一致的，便会释然。当信用缩减、急需购买力以保持法定货币的合法平价时，为发行纸币而固定所持有黄金

152 的数量，此举的目标提供了一个不能被轻易忽视的危险信号。这种制度，虽然比完全没有制度要好很多，但是其思想是落后的，它实际上是信用和通货发展的初期阶段的一种遗留。因为它有两大缺点：第一，当我们确定了纸币发行所需要的最小的黄金储备量，其结果就是将这个数量的黄金沉淀下来，因此减少了实际可用的价值储藏，而它本来可以用于弥补一个国家国际收支中临时的或突发的赤字。第二，当我们把接近或偏离规定的最小值黄金储备量视作警告我们缩减信用或鼓励我们扩张信用的晴雨表，我们就在运用一种在绝大多数人看来是二流的标准，因为它不能**及时地**给出必要的警告。如果黄金流动真的发生了，这意味着失衡已经持续了相当长时间了；这个标准可能在保持黄金可自由兑换或避免黄金的过度泛滥方面及时地帮助我们克服困难，但是它不能及时地避免有害的物价波动。这种方法实际上适用于这样的阶段：当每个人都希望保持黄金的可自由兑换（只要我们处于不受监管的金本位制，所有人都会抱有这样的想法），以及在利用央行利率作为保持物价稳定和就业

稳定的手段成为政治实践之前。

我们很少意识到，在过去的五年间，我们的思想发生了多大的变化。但是在重读1918年出版的著名的《关于战后通货和外汇的坎利夫报告》后，我们深刻地体会到我们的想法发生了多大的改变。该报告与《停战协议》同月出版。这份报告的编写远早于英镑放弃“钉住”和1919年欧洲外汇市场大突变，早于1920—1921年所发生的巨大繁荣和暴跌，早于世界黄金在美国的存量暴涨；也没有见证1922—1923年在华盛顿掩埋黄金、撤除黄金对物价产生的全部 153
影响，以及事实上废除了黄金流通的美联储政策。《坎利夫报告》是一个地地道道的战前方案——人们难免认为，这个报告是在四年战争后，在和平即将到来前，并且不了解过去五年革命性的和不可预见的经历的情况下写就的。

在被《坎利夫报告》忽略的所有问题中，最值得注意的是它完全忽略了物价水平稳定问题；并且，它赞赏这种战前制度（这个报告的目的是恢复这种制度）如何运行，通过蓄意导致“理所当然的延缓就业”来恢复平衡。虽然《坎利夫报告》源于现已消逝并几乎被遗忘的想法，现在没有多少人按照这些想法来考虑问题；但是这个报告仍然是我们政策的权威发布，英格兰银行和财政部仍然把它视作必备的武器。

我们现在回到纸币发行的监管问题上。如果我们同意黄金不用于流通，在决定提高或降低央行利率时最好使用某种其他的标准而不是黄金储备与纸币发行量之比，那么黄金的唯一用途（不过仍然重要）应当是作为一种价值储存手段，持有它以备应急之需，以及作为一种快速调节国际收支平衡表暂时失衡，从而保持每日英镑-美元汇率稳定的工具。因此，可取的方案是，全部黄金储备都应当由承担此项责任的管理部门来控制，根据我们的上述建议，这个部门就是英格兰银行。另一方面，就当前情况来看，纸币的发行量应当根据贸易和就业状况、央行利率政策和国库券政策来决定。这个制度的调节器应当是央行利率政策和国库券政策，政府的目标应当是贸易、物价和就业的稳定，纸币发行量应当是由上述因素决
154 定的（重申一下，只是在当前情况下），其精确的数量水平不能也无需加以测算。为预防国际突发事件和临时债务而持有的黄金储备数量，和纸币数量没有任何逻辑或是数量关系；因为这两者之间没有密切或必要的联系。因此，我提出建议：把黄金储备和纸币发行完全分开——这个建议似乎令人震惊，但实际上不是如此。一旦我们采用这一原则，监管就是细节问题了。国家的黄金储备应该集中在英格兰银行手里，用于避免短期的汇率波动。纸币可以由财政部来发行，也可以不由财政部发行——既然财政部会从发行纸币中获取利润，并且财政部发行通货的数量不受任何正式的监管（这些监管很可能不起作用或是有害的）。除了在形式上，这种制度和当前的制度并没有实质性的差别。

读者可以看到，在我建议的制度下，黄金仍然占有重要的地位。作为最终的保障，作为应对突发的意外需求的储备，我们还没有找到比黄金更有优势的媒介物。但是，黄金的前途是变幻莫测的，其购买力的未来波动也是无法预测的，因此，我特别主张，不要盲目地将我们的法定货币和黄金的这些不可预测的变化捆绑在一起，随着它的变化而变化；如果能按照我的主张做，我们还是可以利用黄

金的优势，从中获得利益的。

第二节　美国

以上给英国所提建议的具体内容是针对英国情况的。但是其原则对大洋彼岸的美国同样适用。和英国一样，美国当前正在实行的方法都有意无意地建立在我所倡导的思路之上。实际上，美国联邦储备委员会经常无视黄金储备相对于其负债的比例，它在决定其 155 贴现政策过程中受到保持物价、贸易和就业稳定的影响。出于传统和保守的缘故，它承兑黄金。出于谨慎和理解，它又埋藏黄金。的确，由于信用周期研究及其理论在美国经济学家中受追捧的程度远超过英国，所以相对于英格兰银行而言，美国联邦储备委员会更难忽视这类观点，或至少无法回避受这些观点的影响。

参照黄金的流入与流出和黄金与负债的比例，美联储用来监管其贴现政策的这套理论已经过时了。一旦美联储忽视这个比例——仅仅因为信用的扩张、物价的上涨在那个时候不合时宜，并且承兑黄金而不让黄金充分发挥其作用[①]时，这个理论就破灭了，彻底破灭了。从那一天起，黄金除在个别国家继续用作空头支票外，已失去通货资格，停止流通，美元本位制取代了黄金本位制。在过去的两年中，美国假装维持黄金本位制，然而事实上它已确立了美元本位制，并且，美国做了很多功课，花费了很大代价，确

① 黄金的流入不能阻止一些通胀效应的产生，因为承兑黄金自动增加了成员银行的货币余额。只要美国造币厂被迫承兑黄金，这种不可控因素就不能被避免。但是黄金不会产生战前制度所设定的多重影响。

保黄金的价值服从美元的价值，而不是使美元的价值依从黄金的价值。这就是一个富有国家如何将新的智慧和旧的偏见融合在一起的套路。它能够在享用哈佛经济实验室研发的最新科学成就的同时，让国会相信绝不会不计后果地放弃硬通货，丹吉（Dungi）、戴瑞士（Darius）、康斯坦丁（Constantine）、利物浦勋爵（Lord Liverpool）以及奥尔德里奇议员（Senator Aldrich）都把金本位制看作是智慧和经验的结晶，对其奉若神明。

156 毫无疑问，值得付出这笔代价——对于能够承受得起的国家来说。对于美国来说，编造故事的代价每年不超过1亿英镑，长期来看平均每年不会超过5000万英镑。但是在所有这些故事中都存在一定的不稳定性。当黄金积累超过一定的限度，议员们就会提出质疑。人们无法肯定一些参议员没有读懂本书。编造的故事迟早会一文不值。

的确，果真如此的话，这个结果是值得期待的。如果能自觉、自主和公开地使用新方法，这些新方法将更有效率和更经济地起作用。哈佛的经济学家比华盛顿的经济学家学识渊博，时机成熟时，他们欢庆的胜利将会发展为公众的大捷。无论如何，负责建立英国通货准则的人都不应该忽略这种可能性：美国的造币厂很快就会停止按照固定的美元价格承兑黄金了。

停止强制承兑黄金未必影响现有的可兑换性义务——将纸币兑换成黄金的责任仍然可以保留。从理论上说，这可能是这个体制的美中不足。但是至少就现在而言，这个义务不会迫使美国紧缩通货，而通货紧缩的可能性正是反对保留这个义务的唯一的理论依据。另一方面，保留可兑换性为思想保守的人们提供了一种安全保障，从而使他们满意；而且将为使变革生效而通过的新的具有争议的立法减少到最低限度。很多人可能会同意让造币厂不再履行承兑没人要的黄金的责任，但是这些人会对任何干预可兑换性的做法感到不安。而且，在某些很有可能的情况下，可兑换性义务真的可以用作防止通货膨胀的安全网，这种通货膨胀是由与美联储的判断
相反的政治压力所导致的；因为我们目前还没有足够的经验为维护 157
联邦储备体系的独立性来如何应对农民或其他有政治影响力的利益群体。

与此同时，胡佛先生和很多英美的银行机构严重误判了当前形势——他们期望通过自然运作贸易和投资，在全世界范围内分散黄金，使华盛顿的黄金储备保持一个合理的比例，他们把这种运作看作是一种合意的和可行的发展。目前，美国公开以高于其按商品衡量的自然价值的价格承兑黄金（高于它本应具有的价值，也就是说，它会影响信用，并且通过信用，以战前传统的方式进一步影响物价）；只要这种状况持续下去，黄金就必定继续流动。只有两种办法能制止其流动（假定排除了美元的黄金价值变化）：让美元贬值或者让黄金对外升值。前者是通过美国的通货膨胀让美元贬值，这是许多英国政府机构所期盼的结果。但是，除非美联储当前的政策被推翻或彻底失败，否则这种情况是不会发生的。不仅如此，当前黄金的多余数量是如此巨大，而其他国家吸收黄金的能力又大大下降，以至于通货膨胀必然会延长才能产生这种希望的结果。在美国拥有无用黄金而又迫切希望得到真实商品的穷困消费者愿意为了得到商品而放弃 2 亿英镑的黄金之前，美元的价格将会上升到一个非常高的水平。在适当的时机，美国银行机构可能会注意到这个

问题：当不再需要甚至需要摒弃黄金时，更简单的办法就是降低黄金的美元价值。无论是出售黄金、铜还是小麦，只要是多余的东西，唯一的方法就是降低其价格。

除非有其他国家介入进来解除美国处理不需要的黄金的职责，
158 否则提高黄金对外价值的这种办法也很难奏效。英国、法国、意大利、荷兰、瑞典、阿根廷、日本和很多其他国家同样有很多本当用作应急而没有派上用场的黄金。如果它们偏爱黄金的话，也没有什么办法能阻止它们购买更多的黄金。

认为美国可以向外国提供贷款，借此表达摆脱黄金的伟大诚意，这个观点是有偏差的。只有在贷款是通货膨胀性质的，而且不是为了减少其他方面的支出和投资而提供时，才能实现摆脱黄金这一结果。源自实际储蓄的对外投资所起的去掉黄金的作用，在美国和在英国的效果会大致相当。但是，如果美国将大量的美元购买力放在外国人手中，纯粹作为一种对本国国民购买力的补充，那么毫无疑问物价将会上涨，我们又将回到通过正常的通货膨胀过程使美元贬值的方法上，这一点刚才讨论过。因此，除非是引诱美国制造通货膨胀，否则通过引诱美国增加对外投资来解决其黄金问题将不会奏效。

综上所述，我认为这种同样的政策对英国来说是明智的，对美国来说也是明智的，即将政策目标定位在美元的商品价值稳定而不是美元的黄金价值稳定上，并且在必要的情况下，通过调节美元的黄金价值来影响美元的商品价值。

如果英国和美国都实行这种政策并都取得成功的话，我们第二

个想要达到的目标——美元本位制的稳定就水到渠成了。我和霍
特里先生都认为，理想的状态是美国联邦储备委员会和英格兰银行
的亲密合作，果真如此，物价稳定和汇率稳定就可以同时实现。但
是我建议，这种理想状态应该建立在经验和对双方有利的基础上， 159
而不是一方迁就另一方，这样会更加明智，更合乎实际。如果英格兰银行的首要目的是英镑的稳定，而美联储的首要目的是美元的稳定，那么双方尽可能多地增强信任所得到的结果，要比通过法律将英镑和美元之间的汇率固定，以及限制英格兰银行对美联储施加影响来稳定美元所得到的结果会更好。一种束缚双方的合作很可能带来纠纷，当为了保持美元稳定、在消除多余的黄金的过程中需要花费大量的开支时，尤为如此。

在货币发展的历史进程中，我们已经到达了“管理”通货的阶段，这个阶段的到来是不以人的意志为转移的；但是我们还没有到达这样一步：将通货管理权交给一个单一的权力机构。因此，我们现在最好的办法是建立英镑和美元两种管理通货，并且在管理目标和方法上尽可能进行密切合作。

第三节　其他国家

在上述这样的情形下，其他国家应该怎样做？在此有必要假设我们将要讨论的国家都没有失去对其通货的控制力。但是，在几乎所有的国家都恢复了对其通货控制后不久，管理通货这个阶段就到来了，并且应该到来。在俄国、波兰和德国，政府应当在对使用货币所产生的流转税和通货膨胀税之外，开发某种其他的税收来源

（就像我们在第二章讨论的），这是完全必要的。在法国和意大利，法郎和里拉应当贬值，贬值到国内纳税人可以承受国际债务的偿付水平上，这是完全必要的。

重新获得通货控制力之后，除英国和美国外，可能没有其他国家有理由试图建立一个独立的货币本位制。它们最明智的选择就是将它们的通货和美元或英镑挂钩，固定它们的通货与美元或英镑
160 的汇率（但是在英镑汇价和美元汇价存在重大差异的情况下，可以保留自由处置权），通过利用国内黄金储备和在伦敦账户上的英镑余额、纽约账户上的美元余额，来应对短期波动，以保持其通货的稳定性，以及利用央行利率和其他方法来监管购买力规模，从而保持相对价格水平的长期稳定性。

可能大英帝国（加拿大除外）和欧洲国家会采用英镑本位制度，而加拿大和南北美洲的其他国家会采用美元本位制度。但是每个国家都可以自由选择，直到随着知识和理解的增进，两种制度之间达到一种完美的和谐时，选择哪种制度就不再重要了。

附 录 一

与本书第二章开头的内容有很大不同的是，原文“作为一种征税手段的通货膨胀”可总结如下：

这是另外一种方式来表述经济学家们所理解的“当货币信用下降时，流通速度就会上升”。根据以往的经历，人们一旦发现手里的货币正在贬值，且其他持有者也在遭受损失时，那么他们就应该采取手段来保护自己。

这些理论思考在当下有着十分重要的意义，因为现在几种通货已经进入了第二阶段。在通货膨胀的最后阶段，货币流通速度的异常加快对物价上涨和汇价下跌的影响会超过纸币数量的增长；然而纸币发行部门会为纸币贬值幅度远大于其纸币数量增长幅度这种被他们视作不公平的现象而哀号不已。

在莫斯科，人们已经极其不愿意持有货币（除非是特别短时间内持有）。如果你在杂货店买了一磅奶酪，杂货店主在收到钱之后会以最快的速度跑到中心市场去把收到的货币换成奶酪，来重新补上存货，以防止在跑过去的过程中货币贬值。这就解释了为什么新生的资产阶级那么势单力孤，同样也印证了经济学家在‘流通速度’理论中的假设。在维也纳，兑换银行如雨后春笋般在街头巷尾建立起来，在那里，你可以将刚刚收到的克朗兑换成苏黎世法郎。这样一来，就可以避免去常规银行途中有可能产生的风险损失。谨慎的人在咖啡店点啤酒时，会同时点好第二杯，就算是那么不紧不慢地喝着，也要防止喝完一杯再点第二杯时，啤酒的价格会上涨。

在**暴跌**之后的阶段，如果纸币的贬值率比通货膨胀率要高的话，那么这种现象被认为是异常且短暂的。这种不合理的应对方法只不过是公众可选择的规避损失的方式之一。

表 1 显示了德国纸币马克在不同时间段的黄金价值。表中的数据可以说明上述论点。

表 1　马克的含金值变化

	纸币发行量（10 亿纸马克）	1 金马克 = 纸马克的数量	发行的纸币的价值（10 亿金马克）
1920 年 12 月	81	17	4.8
1921 年 12 月	122	46	2.7
1922 年 3 月	140	65	2.2
1922 年 6 月	178	90	1.9

162　尽管在此期间，纸币发行量已经超过一倍，但是其价值已经跌至不足原来的 1/5；也就是说，纸币贬值率是通货膨胀率的两倍以上。要维持纸币含金量的平衡，德国政府发行纸币的数量应是原来的 5 倍，而不仅仅是 2 倍。

奥地利的相应数据如表 2 所示。

表 2　奥地利克朗的含金值变化

	纸币发行量（10 亿纸克朗）	1 金克朗 = 纸克朗的数量	发行的纸币的价值（10 亿金克朗）
1920 年 12 月	30	60	500
1921 年 12 月	174	500	348
1922 年 4 月	347	1500	231
1922 年 6 月	470	3450	136

如表 2 所示，奥地利处于通货膨胀征税的更高阶段，这些数字呈现出一个更为严重的现象。尽管 18 个月前，奥地利发行的纸币的含金值在 2000 万英镑以上，但是现在的含金值却在 600 万英镑以下；为了能够筹集 600 万英镑的真实资源，没有人能够说清楚奥地利政府需要印刷多少纸币。

而另一方面，无论是在德国还是在奥地利，消费者信心的重建带来的货币流通减速可能会引起马克和克朗在价值上很大幅度的提高，这种提高不受货币流通量减少的影响。因此，有人认为，通货膨胀快要结束的阶段，在没有实际通货紧缩的情况下，纸币的价值会大幅度提高。

表 3 中的俄罗斯的一组数据能更明显地说明同样的现象。

表 3　卢布的含金值变化

	纸币发行量（10 亿纸卢布）	1 金卢布 = 纸卢布的数量	发行的纸币的价值（10 亿金卢布）
1919 年 1 月	61	103	592
1920 年 1 月	225	1670	134
1921 年 1 月	1169	26000	45
1922 年 1 月	17539	172000	102[a]
1922 年 3 月	48535	1060000	46
1922 年 5 月	145635	3800000	38

a　1922 年 1 月的数据与之前年份 1 月的数据相比出现异常，原因是由于实施新经济政策使货币在国家交易中重新被使用。

因此，我们在俄罗斯看到了通货膨胀的最后阶段。显然，俄国政府发行等值 400 万英镑的卢布纸币不可能满足其交易的需要，甚至在目前的情况下也是如此。当货币的使用已经濒临失效，这个最 163
后阶段便到来了。不论苏维埃政府印刷多少纸币，它通过印钞的办法再筹集 500 万英镑的真实资源几乎是不可能的了。

不过，这种征税手段在过去还是非常有效的。苏维埃政府在计算好民众购买力的前提下印发了纸币，总数如表 4 所示。

年份	百万金卢布
1918	525
1919	380
1920	186
1921	143
1922（1 月至 3 月）（或者说总共 1.3 亿英镑）	58

人们普遍认为，当政府通过通货膨胀的方式来满足其支出需要时，这个国家的民众会逃避征税。但是事实并非如此。德国政府通过印刷钞票所筹集的资金基本上与征税所得相等（目前为止，外国人购买并囤积的纸币除外），就好像它可以通过更传统的方式取得收入一样。我粗略地估计了一下，过去一段时间，德国政府用上述方式每年共筹得等值 7500 万至 1 亿英镑的收入（当然，其中相当一部分来自投机的外国人）。德国政府目前面临的困境是由于其收入来源已近枯竭，难以满足补偿账户上的现金需求，尽管这种需求最终摧毁了整个财政体系。 正如上文中奥地利和俄罗斯所经历的一样，德国正经历通货膨胀的最后阶段，印刷纸币的收益开始大幅度递减。

我上文关于纸币发行的论点，稍加修改，同样也适用于政府内债的所有其他形式。这种财政体系的间接结果，在本附录（即第一章——编者）第三部分详细讨论过。

为什么政府要使用公共支出部分呢？按理说，没有弥补不了的赤字。然而，在某些国家，至少曾经一度，可以通过发放有精美水印的收据来讨好大众，作为他们纳税的奖励。然而，这种税收收据，在英格兰，人们从税收检查员手里接收过来，然后扔进了废纸篓；在德国，人们称之为纸钞，通常被随意放在钱夹子里；在法国，人们称之为年金，通常把它锁在家里的保险箱里。

附　录　二

与本书第三章内容有很大不同，原文“汇率理论”和“购买力平价”可总结如下：

因此，测度一个国家通货价值的两种方法出现不同的变化趋势确实是一个非常有趣的现象。这种现象在一些特例里可以得到印证。让我们通过下述图形来进一步阐释该理论。

图 1[①] 是英镑的汇率变化曲线图，它说明了选择基期的重要性。图中最高的这条曲线，是以 1913 年为基期计算出来的购买力平价的变化趋势，它平稳地保持在实际汇率以上。而第二条曲线是以 1919 年 8 月为基期计算出来的购买力平价的变化趋势，它与实际汇率保持着基本一致的走势，图中这两条曲线频繁地相交。假如我们可以相信归纳论证的话，那么从图 1 可以得出结论，受战争的影响，英镑对美元的购买力平价均衡点已经下降了差不多 6 个百分点。但是这种理论上的调整在过去的两年半内似乎非常有效。

① 法国和意大利的图形见图 3.2 和图 3.3，这里不再出现。英国、瑞典和德国的图形下面将给出。——编者

165

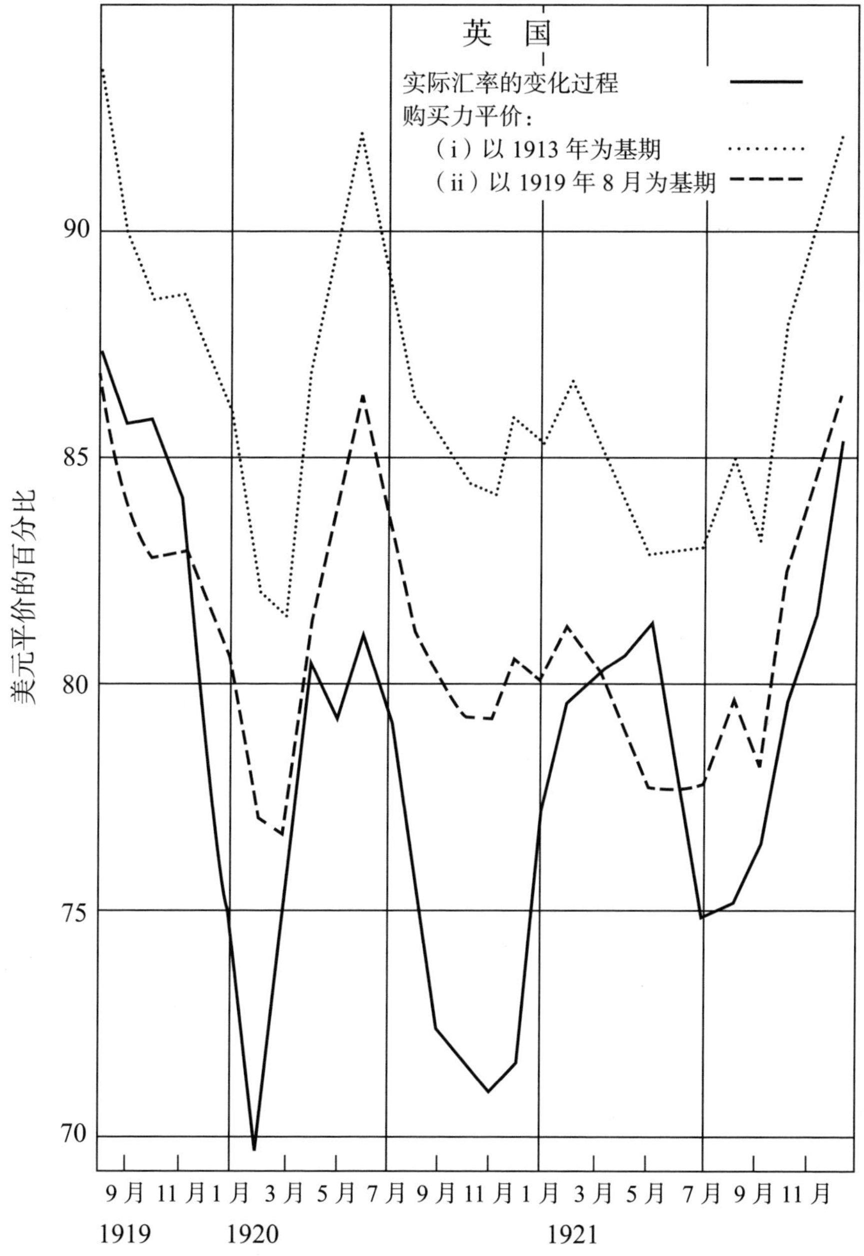

英　国

实际汇率的变化过程
购买力平价：
（i）以 1913 年为基期
（ii）以 1919 年 8 月为基期

美元平价的百分比

90
85
80
75
70

9 月 11 月 1 月 3 月 5 月 7 月 9 月 11 月 1 月 3 月 5 月 7 月 9 月 11 月
1919 1920 1921

图 1　英镑的价值变化

图 1 也说明了外汇汇率非常明显地受季节性因素影响，而购买力平价的确很少受这些因素影响。在往年，外汇波动最大的是在秋季。而 1921 年却是个例外，外汇牌价波动提前到了 7 月份。在该月，外汇市场已经预见到了秋季通常是美国外贸出超的季节，在贸易萧条的年份，出口贸易通常难以维持之前的规模，下文福尔克（O.T.Falk）先生文章中所给的附图也非常清楚地说明了这一点[①]。季节性因素对英镑汇价产生很大影响证实了我文章中所表达的观点。综上所述，为了稳定汇价，需要花大力气提高商业价值，并通过充分有效的金本位制，尽量把季节性波动的影响降到最小。

166 在欧洲国家，瑞典的汇率曲线不但是独树一帜的，这条曲线位于购买力平价曲线上方，而不是在其下方；而且在其他方面也是异常的，由于其地缘靠近德国和俄罗斯，并且是这些国家的外汇盈余的存放地，尤其是俄罗斯。但在这种情况下，在最近几个月，似乎出现了重建战前的那种均衡的趋势。

法国汇率曲线继 1920 年出现反常的分离趋势之后，又逐渐接近；这种变化可能是由于平均汇率上升，法郎的国内购买力下降引起的。

意大利也许是个特例。在意大利，这个理论运用得相当完美，尽管在意大利就像在英国和法国一样，有迹象表明，战争已经造成
167 了均衡点永久性的降低。如果重新绘图，且将 1919 年 8 月作为基期的话，那么曲线的吻合度可能会更高一些。意大利汇率曲线以一

① 福尔克：《美元–欧洲汇率：季节性波动因素的影响》，《曼彻斯特卫报》商业副刊“欧洲重建”专栏，1922 年 4 月 22 日，第 22 页。

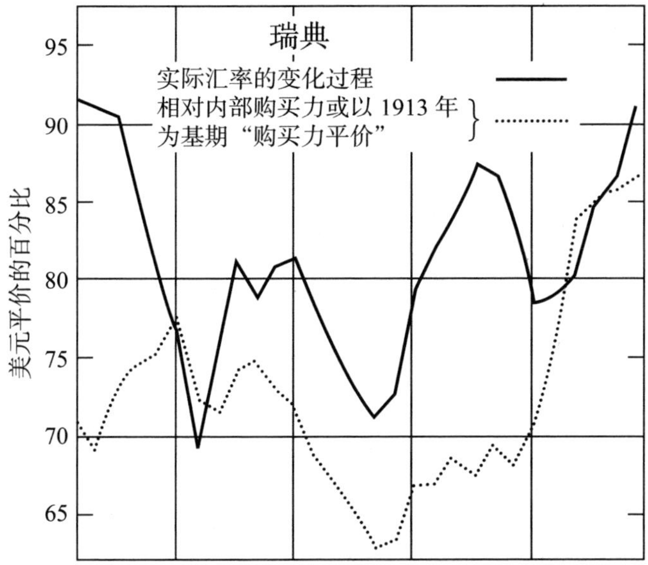

瑞典

实际汇率的变化过程

相对内部购买力或以 1913 年为基期“购买力平价”

美元平价的百分比

95 90 85 80 75 70 65

图 2（a） 瑞典货币的汇率曲线

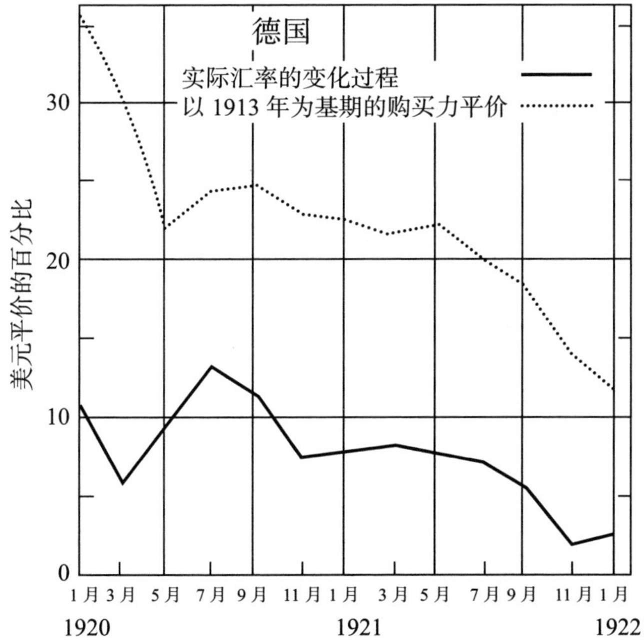

德国

实际汇率的变化过程

以 1913 年为基期的购买力平价

美元平价的百分比

30 20 10 0

1 月 3 月 5 月 7 月 9 月 11 月 1 月 3 月 5 月 7 月 9 月 11 月 1 月

1920 1921 1922

图 2（b） 德国马克的汇率曲线

种不同寻常的方式表明，当主要影响因素发挥作用，通货的国内和国外购买力一同下降时，货币会因通货膨胀而逐步贬值。

德国曲线（计算规则稍有不同）在视觉上有一定的误导性，因为两条曲线保持相对平行的稳定，仅以一定的趋势在缩小差距。这是因为有这么巨大的绝对下降，等于百分比变化表现为越来越小的绝对变化。比如，1922 年 1 月的国外购买力只有 1920 年 7 月的 20%，然而，1920 年 7 月的国内购买力依然是接近其前一期的 50%。如果这个指数选取的是一般的购买力而不是工薪阶层的生活成本，那两条曲线之间的差异就不会那么巨大。尽管，很清楚的是，受近期汇率暴跌的影响，马克的国外购买力的降幅远超其国内购买力，以至于我们需要考虑战争赔款支付带来的持续后果，现在的情形基本上不可能达到一个均衡。因此，如果马克的汇价不能提升的话，那就可以预见德国的国内物价将会快速上涨，甚至会涨到今年 1 月份的 2 倍（与其他地方的上涨不同），这将给德国带来难以计算的政治和社会后果。另一方面，假如德国的政府预算趋向平衡，新通货的发行从现在开始受管控（不过，在目前的战争赔款的情形下，这是不可能做的），那么，随着时间的推移，通过汇率的改善，这两条曲线的差距也将会慢慢缩小。

表 1 给出的是英国、法国、意大利和瑞典的购买力平价指数。其中，英国的指数来自《经济学人》杂志，法国的指数来自《大数据》杂志，意大利的指数来自《李嘉图数据》，瑞典的指数来自《贸易》杂志。这些指数下降到 1913 年的价格水平百分比，被看作是这四个国家的货币购买力标准，且这些数据可以按照美国的货币购买力百分比来进行换算，而美国的货币购买力用美国劳工局指数来

表 1　购买力平价指数

	1913 年平均指数百分比					1913 年购买力的购买力百分比（即第一列的倒数）					美元购买力的购买力百分比					美元平价汇率的实际⺼			
											英国								
	英国	法国	意大利	瑞典	美国	英国	法国	意大利	瑞典	美国	以 1913 年为基期	以 1919 年 8 月为基期	法国	意大利	瑞典	英国	法国	意⺅	
1919																			
8 月	242	349	369	321	226	41.3	28.6	27.1	31.1	44.2	93.4	*87.6*	64.7	61.3	70.4	87.6	66.0	5(	
9 月	245	362	372	319	220	40.9	27.6	26.9	31.3	45.4	90.1	*84.5*	60.8	59.2	69.0	85.8	61.3	5:	
10 月	252	384	391	307	223	39.6	26.0	25.6	32.6	44.8	88.4	*82.9*	58.0	57.1	72.8	85.9	60.3	51	
11 月	259	407	439	308	230	38.5	24.6	22.8	32.5	43.5	88.5	*83.0*	56.5	52.4	74.7	84.3	55.2	44.2	86.0
12 月	273	425	457	317	238	36.6	23.5	21.9	31.5	42.0	87.1	*81.7*	55.9	52.1	75.0	78.4	48.3	39.9	80.8
1920																			
1 月	289	489	504	319	248	34.7	20.4	19.8	31.3	40.3	86.1	*80.9*	50.5	49.1	77.7	75.6	44.4	37.2	77.2
2 月	303	525	556	342	249	33.0	19.1	18.0	29.2	40.2	82.1	*77.0*	47.5	44.8	72.6	69.5	36.5	28.6	69.4
3 月	310	557	619	354	253	32.0	17.9	16.1	28.2	39.5	81.5	*76.4*	45.3	40.7	71.4	76.2	37.1	27.6	75.7
4 月	306	591	679	354	265	32.7	16.9	14.7	28.2	37.7	86.7	*81.3*	44.8	39.0	74.3	80.6	32.1	22.9	81.4
5 月	305	553	659	361	272	32.8	18.1	15.2	27.7	36.8	89.1	*83.6*	49.2	41.3	75.3	79.0	35.5	26.6	78.9
6 月	291	495	614	366	269	34.3	20.2	16.3	27.3	37.2	92.2	*86.5*	54.3	43.8	73.4	81.1	41.0	30.6	81.4
7 月	293	498	613	363	262	34.2	20.1	16.3	27.5	38.2	89.5	*83.9*	52.6	42.7	72.0	79.4	42.3	30.0	81.5
8 月	288	504	631	365	250	34.7	19.8	15.8	27.4	40.0	86.7	*81.3*	49.5	39.5	68.5	74.2	37.5	25.1	76.5
9 月	284	528	661	362	242	35.2	18.9	15.1	27.6	41.3	85.2	*79.9*	45.8	36.6	66.8	72.2	34.9	22.6	75.3
10 月	266	502	662	346	225	37.5	19.9	15.1	28.9	44.4	84.4	*79.2*	44.8	34.0	65.0	71.4	33.9	20.2	73.5
11 月	246	460	658	331	207	40.7	21.7	15.2	30.2	48.3	84.2	*79.0*	44.9	31.5	62.5	70.7	31.2	18.7	71.2
12 月	220	434	635	299	189	45.5	23.0	15.7	33.4	52.9	85.0	*80.7*	43.5	29.7	63.1	71.4	30.7	18.1	73.0
1921																			
1 月	209	407	642	267	178	47.9	24.6	15.6	37.5	56.2	85.3	*80.0*	43.8	27.7	66.7	76.7	33.3	18.4	79.5
2 月	192	377	613	250	167	52.0	26.5	16.3	40.0	59.9	86.8	*81.4*	44.3	27.2	66.8	79.6	37.2	18.9	82.9
3 月	189	360	604	237	162	52.8	27.8	16.6	42.2	61.7	85.5	*80.2*	45.0	26.9	68.4	80.3	36.5	19.8	84.9
4 月	183	347	584	229	154	54.6	28.8	17.1	43.7	64.9	84.1	*79.8*	44.4	26.3	67.3	80.7	37.1	23.8	87.8
5 月	182	329	547	218	151	54.9	30.4	18.3	45.9	66.2	82.9	*77.7*	45.9	27.6	69.3	81.5	43.3	26.7	86.8
6 月	179	325	509	218	148	56.0	30.8	19.6	45.9	67.6	82.9	*77.7*	45.6	29.0	67.9	78.0	41.9	25.8	83.6
7 月	178	330	520	211	148	56.1	30.3	19.2	47.4	67.6	83.0	*77.8*	44.8	28.4	70.2	74.8	40.5	23.6	78.7
8 月	179	332	542	198	152	55.9	30.0	18.5	50.5	65.8	85.0	*79.7*	45.6	28.1	76.8	75.1	40.2	22.3	79.1
9 月	183	345	580	182	152	54.7	29.0	17.2	54.9	65.8	83.2	*78.0*	43.1	26.2	83.6	76.5	37.9	22.0	80.9
10 月	170	332	599	175	150	58.7	30.1	16.7	57.1	66.7	88.0	*82.5*	45.1	25.1	85.6	79.5	37.9	20.5	85.3
11 月	166	332	595	174	149	60.4	30.1	16.8	57.5	67.1	90.0	*84.4*	44.9	25.0	85.7	81.5	37.4	21.4	86.5
12 月	162	326	595	172	149	61.8	30.7	16.8	58.1	67.1	92.0	*86.3*	45.7	25.0	86.6	85.3	40.5	23.0	91.3

衡量。这样获得的指数值，可以用于外汇市场上这四国通货每月平均汇价比较，可以用美元平价百分比来表示。

169 表 1 和图 2 中的马克的购买力平价是基于埃尔塞斯（Moritz Elsas）1921 年 9 月（第 331 页）和 1922 年 3 月（第 69 页）在《经济学杂志》上发表的文章所提供的信息。在这种情况下，计算马克的国内和国外购买力数据时参考了“生活成本”（不是批发商品物价的一般价格指数），并且生活成本数据是来自英格兰（《劳动公报》）而不是美国，见表 2。

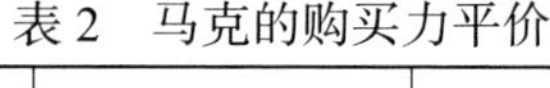
表 2　马克的购买力平价

	生活成本指数（埃尔塞斯）战前 26.5	以 1913 年为基期的购买力百分比	按英镑购买力计算的购买力百分比	按英镑购买力平价计算的实际汇率变化的百分比
1920 年				
1 月	170	15.6	35.1	10.9
3 月	198	13.4	30.8	6.0
5 月	289	9.2	22.2	9.3
7 月	277	9.6	24.2	13.5
9 月	281	9.4	24.5	11.6
11 月	316	8.4	23.2	7.6
1921 年				
1 月	311	8.5	22.5	7.8
3 月	297	8.9	21.4	8.5
5 月	280	9.5	21.6	7.8
7 月	293	9.0	19.7	7.3
9 月	319	8.3	18.3	5.1
11 月	382	6.9	14.0	1.9
1922 年				
1 月	439	6.0	11.5	2.6

附录三 170

第一版印刷错误校正

本版		第一版		更正
页	行	页	行	
20 脚注 2	7			
20 脚注 3	2—3	22 脚注 1	2	将‘高’改为‘低’
81	4	98	11	将‘欧洲’改为‘西欧’
82 脚注 1	3	100 脚注 1	4	将‘指数’改为‘汇率’
111	22	134	23	在‘是’前插入‘它’
142	25	179	20	将‘储备’改为‘账户’
143	7	180	5	将‘储备’改为‘账户’
143	28	181	2	将‘储备’改为‘账户’
144	1	181	10	将‘储备’改为‘账户’
144	18	182	4	将‘储备’改为‘账户’
152	31	194	18	将‘三个月前’改为‘同月’

索　引

（下面的页码是英文版的页码，见本书边码）

译 后 记

本书是应当在15年前完成翻译并出版的著作。大约在2003年前后，以翻译出版世界学术名著著称的商务印书馆约我翻译凯恩斯的《货币改革论》。当时商务印书馆的领导跟我说，凯恩斯的三部代表作《货币改革论》(1923年)、《货币论》(1930年)和《就业、利息和货币通论》(1936年)已经翻译出版了后两部，现在就剩下《货币改革论》还没有翻译出版，希望我能够完成这个任务。我愉快地答应了。

我之所以愿意接受这个任务，与我的学术经历和专业爱好有关。我作为1982年2月入学的1981级西方经济学专业硕士研究生，当年因学籍注册的安徽大学没有经济学硕士学位授予权，被送往武汉大学经济系代培。在武汉大学，我受业于刘涤源和谭崇台二位教授。二位先生都在20世纪40年代留学美国哈佛大学，西方经济学功底深厚，对凯恩斯思想和凯恩斯主义研究精深。特别是刘涤源教授被誉为中国研究凯恩斯主义的著名专家。我在武汉大学代培期间，谭崇台先生用了两个学期给我们系统讲授凯恩斯《通论》(英文版)，刘涤源先生则给我们讲授后凯恩斯主义经济学。正是在武汉大学的这些课程学习使我系统地了解了凯恩斯思想，也培养了我对凯恩斯经济学和凯恩斯主义经济学研究的兴趣。我当年的硕士学位论文研究的就是凯恩斯思想的发展过程，论文题目是《倍数理论与“凯恩斯革命”——〈一般理论〉体系形成之研究》。我的这篇学位论文受到刘、谭二位先生的高度评价。后来应刘涤源先生之邀，这篇学位论文经过扩充和加工，作为刘先生主编的《凯恩斯主义研究丛书》第四卷《从〈货币论〉到〈通论〉——凯恩斯经济思想发展过程研究》，1997年由武汉大学出版社出版。

我先后执教于安徽大学和中国人民大学，研究方向由西方经济学扩展到宏观经济理论与政策、中国经济问题、欧洲经济和货币联盟，但是凯恩斯思想和凯恩斯主义一直是我的研究领域之一。我之所以接受商务印书馆翻译《货币改革论》的邀请，实在是出于我长期偏好研究凯恩斯思想的情结。我作为一位研究凯恩斯思想的爱好者，凯恩斯的三本代表作没有全部翻译出版，总觉得有一桩心愿未了。

接受了任务并不等于很快就可以完成任务。这些年由于教学和科研工作繁忙，除了两个学期出国访学以外，每个学期都有教学任务安排，还需要做课题，写论文，找不出整块时间来做翻译。当然，译作不算科研成果这个制度规定也降低了我做翻译的积极性。就这样，年复一年，商务印书馆译作室的老师已经换了两三批，当年联系我的几位老师好几年前就陆续退休了，而《货币改革论》的英文版还躺在我的书架上。

在商务印书馆的反复督促下，这个暑假我放下手头的其他任务，谢绝一切外出活动邀请，集中时间做本书的翻译，这才终于完成了15年前就应当完成的任务。

在本书翻译过程中，我教过的学生苏越、陈叶盛和平浩西帮我试译和初译了部分章节，这帮我节省了不少录入汉字的时间。我对他们的付出表示感谢。

凯恩斯是著名经济学家，也是一位英语语言大师和写作高手。他论著中的有些表述，在我们这些不是以英语为母语的人看来，似乎句子结构不完整，句法也不规范。特别是他喜欢使用长句子，有时候一大段话只有一个句号，有时候大半页内容只是一句话；并且他还经常使用典故和隐喻，这给理解和翻译带来一定的困难。本书翻译中的错漏可能难免，真诚欢迎行家批评指正。

方福前

2018年8月26日

图书在版编目(CIP)数据

货币改革论/(英)约翰·梅纳德·凯恩斯著;方福前译. —北京:商务印书馆,2024
(汉译世界学术名著丛书:120年纪念版:珍藏本:增订本)
ISBN 978-7-100-23826-7

Ⅰ.①货… Ⅱ.①约…②方… Ⅲ.①货币改革—文集 Ⅳ.①F820.2-53

中国国家版本馆 CIP 数据核字(2024)第 079293 号

权利保留,侵权必究。

汉译世界学术名著丛书
(120 年纪念版·珍藏本·增订本)
货币改革论
〔英〕约翰·梅纳德·凯恩斯 著
方福前 译

商 务 印 书 馆 出 版
(北京王府井大街 36 号 邮政编码 100710)
商 务 印 书 馆 发 行
北京新华印刷有限公司印刷
ISBN 978-7-100-23826-7

2024 年 5 月第 1 版 开本 710×1000 1/16
2024 年 5 月北京第 1 次印刷 印张 13
定价:72.00 元